Hans Bauer
Marion Schmidt

HARZER HEXEN-STIEG

Der offizielle Führer zum Qualitätswanderweg durch den Harz

Schmidt BUCH

Qualitätswanderweg

Harzer Hexen-Stieg

Am 3. Oktober 2003 wurde der Weitwanderweg Harzer Hexen-Stieg von mittlerweile etwa 160 Kilometern Länge zwischen Osterode am Harz und Thale feierlich auf dem Brocken eingeweiht, dem mit 1 141 Metern höchsten Berg des Nordens. Dieses Gemeinschaftsprojekt von **Harzer Tourismusverband**, **Nationalpark Harz** und **Harzklub** stützt sich auf vorhandene Hauptwanderwege, die für ein neues attraktives Wandererlebnis zusammengefügt worden sind. 2008 wurde der Weg zum beliebtesten Wanderweg Deutschlands gekürt und von Fachleuten als Qualitätswanderweg zertifiziert, was seither regelmäßig bestätigt wird.

Der Harzer Hexen-Stieg überquert den Harz von West nach Ost (oder umgekehrt) und berührt die interessantesten Themen des nördlichsten deutschen Mittelgebirges: die weit zurückreichende Bergbautradition, die als UNESCO-Welterbe geschützte historische Wasserbautechnik der Oberharzer Wasserwirtschaft, die Rückeroberung der Landschaft durch die wild-urwüchsige Natur im Nationalpark Harz, die Mythen und Sagengestalten aus Goethes Faust, den Hochwasserschutz und die Trinkwassergewinnung in den Talsperren, das tiefste Felsental nördlich der Alpen …

Der Weg stellt aber auch ein Symbol für das Zusammenwachsen der alten und neuen Bundesländer dar. Grenzüberschreitend verläuft er von Niedersachsen nach Sachsen-Anhalt und verbindet ehemals getrennt lebende Menschen. Das Anlegen des Weges wurde auch deshalb von diesen beiden Bundesländern sowie von der Europäischen Union unterstützt.

Zum Gebrauch des Wanderführers

Der Harzer Hexen-Stieg kann von Thale nach Osterode oder umgekehrt erwandert werden. Dieser Wanderführer bietet Beschreibungen in beide Richtungen an. Zur Orientierung wird farblich unterschieden zwischen **Osterode-Thale** und **Thale-Osterode**. Die Gesamtstrecke wird in fünf Etappen mit zwei alternativen Routen unterteilt, doch jeder Wanderer kann nach seiner Leistungsfähigkeit oder nach seinem Interesse an den Dingen, die am Wege liegen, mühelos andere Streckenlängen wählen. Es lohnt sich auch, nur einzelne Abschnitte zu wandern, die Laufrichtungen zu wechseln oder sich in den Ortschaften längere Pausen zu gönnen. Wer nur ein Wochenende Zeit hat, dem sei empfohlen, eine der beiden Alternativen mit der nördlich davon verlaufenden Etappe der Hauptroute zu einer schönen Rundwanderung zu verbinden.

Die **Karten in den Umschlaginnenseiten** geben einen Überblick zu Länge und Verlauf sowie zu den Auf- und Abstiegen der einzelnen Etappen.

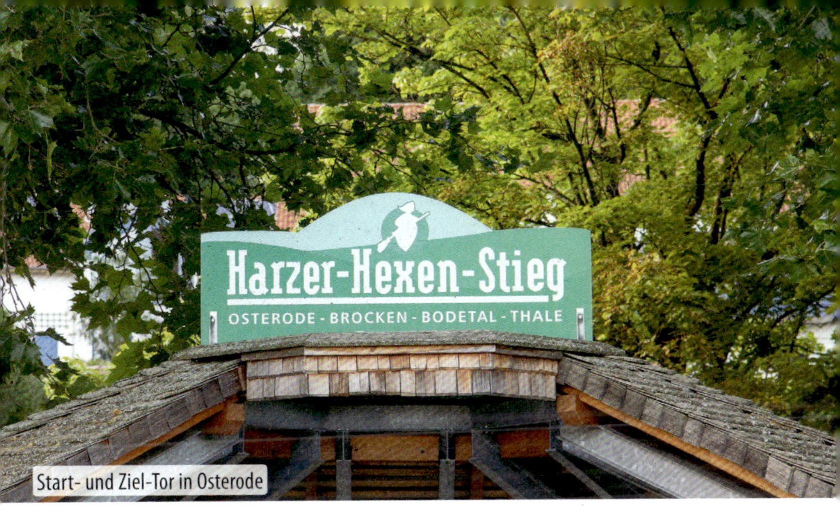

Start- und Ziel-Tor in Osterode

Jedes Kapitel beginnt mit dem Hinweis zu Charakter und Besonderheiten des Wegabschnitts. Eine **Routenskizze** mit Höhepunkten der Wanderung korrespondiert mit einem informativen **Höhenprofil**, sodass man auf einen Blick erfährt, was die Tour bereit hält, wie lang sie ist und welche Wanderstempel zu holen sind. Die **Beschreibung des topographischen Verlaufs** ergänzen teils ausführliche geschichtliche, geologische und botanische **Informationen**, die wir den Routenbeschreibungen vorangestellt haben. Zahlreiche *Tipps* in den Wandertexten verweisen auf Abstecher, Umwege oder touristische Angebote. Um die individuelle Vorbereitung der Wanderung und die Orientierung unterwegs zu erleichtern, geben **Symbole an den Seitenrändern** Schutzhütten und Rastplätze, Aussichtspunkte, Gasthäuser, Kunst-Objekt-Stationen und Stempelstellen an. Eine Legende finden Sie auf der vorderen Umschlagklappe. Ausgewählte **Einkehr- und Übernachtungsmöglichkeiten** sowie Informationsstellen entlang der Route beenden jedes Kapitel.
Für eine sichere zusätzliche Orientierung empfiehlt sich unterwegs die Nutzung der **offiziellen Wanderkarte „Harzer Hexen-Stieg"** sowie unserer verlagseigenen **App „KartoGuide Harz"**, in der wir auf Sperrungen und Umleitungen aktuell hinweisen (🔎 S. 80).

Wanderhinweise

Der Weg ist so konzipiert, dass Anfang und Ende der einzelnen Tagesetappen mit öffentlichen Verkehrsmitteln zu erreichen sind, Straßen aber möglichst weit von der Wegetrasse entfernt verlaufen. So kann der Wanderer über lange Strecken ungestört die Laute der Natur bewusst in sich aufnehmen. Eine komfortable **Reiseauskunft** gibt es für Zugverbindungen unter ***www.bahn.de*** sowie für Busverbindungen unter ***www.efa.de*** (Nie-

dersachsen) und *www.insa.de* (Sachsen-Anhalt). Die Namen der Bushaltestellen und die Nummern der Linien am Harzer Hexen-Stieg sind in der **offiziellen Wanderkarte „Harzer Hexen-Stieg“** (wetterfeste Ausgabe, ISBN 978-3-945974-13-1) eingetragen *www.harz-wanderkarten.de*.
Der gesamte Weg wurde einheitlich ausgeschildert. Als Symbol dient eine kleine weiße Hexe, die auf einem Besen reitet. Außerdem verweisen Schilder mit dem Hinweis „Harzer Hexen-Stieg“ auf das nächste Ziel. Die Leitfarbe ist ein helles Grün. Innerhalb des Nationalparks wurde das Logo des Harzer Hexen-Stiegs an den bereits vorhandenen hölzernen Schilderbäumen befestigt. Die Strecke der Brockenumgehung ist zusätzlich mit einem „B“ gekennzeichnet. Seit Ende 2014 sind insgesamt zwölf **künstlerische Installationen**, die Hexen-Stieg-Stationen entstanden, die auf örtliche Themen und Besonderheiten verweisen. Alle Standorte sind in den Wegbeschreibungen genannt. Entlang des Harzer Hexen-Stiegs (inklusive Alternativrouten) gibt es 26 Stempelstellen des Projekts **Harzer Wandernadel**. In grünen Kästen befinden sich die Stempel, die in einem speziellen Heft gesammelt werden können *www.harzer-wandernadel.de*.
Die **Hauptwanderzeit** auf dem Hexen-Stieg liegt zwischen Frühjahr und Herbst. Im Brockengebiet sollte man sich auch im März/April über die Schneehöhen informieren, da man sich beispielsweise auf dem oft nicht geräumten Glashüttenweg bei Tiefschnee schnell verlaufen kann. Insbesondere im Bereich des Brockens werden die klimatischen Verhältnisse häufig unterschätzt. Wir befinden uns hier auf einer alpinen Klimastufe, wo es auch im Sommer empfindlich kalt und stürmisch werden kann! Mit stabilem Schuhwerk und wetterfester Kleidung sollte man auf ungünstige Witterung generell vorbereitet sein. Wanderstöcke sind nicht erforderlich, leisten aber bei steilen Abstiegen gute Dienste.
Im Winter ist von einer Erwanderung des Harzer Hexen-Stiegs abzuraten, da Teile des Weges durch Vereisung oder Verwehungen unpassierbar sein können. Das Bodetal zwischen Thale und Treseburg ist in den Wintermonaten sogar gesperrt. Dafür wird eine ausgeschilderte Alternative über den Hexentanzplatz angeboten.
www.harz-wanderkarten.de/harzer-hexen-stieg
Der Wegeverlauf ist **weitgehend naturbelassen** und führt teilweise durch urwüchsiges Gelände. Hier muss man immer mit den Gefahren des Waldes rechnen. Die Natur baut keine ebenen Wege; Löcher und Baumwurzeln können zur Stolperfalle werden. Alte Bäume verlieren Äste, besonders bei Sturm. Durch den von Klimaveränderung forcierten Waldwandel gibt es nun kilometerlang freie Flächen, auf denen man sich vor Sonneneinstrahlung schützen sollte. Hochwasser kann Wegabschnitte zeitweise überfluten. Am Wendefurther Stausee führt die Hexen-Stieg-Route teils dicht am Ufer entlang, das mehrmals im Jahr überschwemmt sein kann. Hier wurde eine Hochwasser-Variante eingerichtet.

Übernachten und Einkehren

Der Harzer Hexen-Stieg verbindet viele Orte im Harz, allerdings liegen die meisten etwas abseits vom eigentlichen Wegverlauf, sodass man für Übernachtung und Einkehr zusätzlich Kraft und Zeit einplanen muss. Bei der Suche nach einer Unterkunft empfehlen wir die örtlichen Touristinformationen. Umfangreiches Informationsmaterial für einen Aufenthalt im Harz und Unterstützung bei der Quartiersuche bietet auch der Harzer Tourismusverband *www.harzinfo.de • Tel. 05321-34040*. In der Hochsaison im Frühjahr und Herbst sollten sich nicht nur größere Gruppen rechtzeitig in den Häusern am Wegesrand anmelden. In der Nähe des Hexen-Stiegs gibt es einige Campingplätze und Jugendherbergen (🔎 Informationsstellen jeweils am Ende des Kapitels). Für die Einkehr unterwegs empfiehlt es sich, auf jeden Fall aktuelle Öffnungszeiten zu erfragen. Viele Häuser bieten oft nur an Wochenenden eine Versorgung an.
Diverse **Pauschalangebote** offerieren die Touristinformation in Thale *(Tel. 03947-7768012)*, „Wandern im Harz" *(Tel. 05321-6896600)*, „CORSO... die reiseagentur" *(Tel. 03521-710501)*, „Kleins Wanderreisen" *(Tel. 02771-26800)* und „AugustusTours" *(Tel. 0351-5634820)*.

Anfahrt

Osterode am Harz ist sowohl mit öffentlichen Verkehrsmitteln als auch mit dem PKW gut zu erreichen. Die Regionalbahnstrecke 46, Braunschweig – Seesen – Herzberg, führt durch Osterode. Der Haltepunkt „Osterode Mitte" liegt am günstigsten zum Anfang des Harzer Hexen-Stiegs. Die Regionalbuslinie 440 Osterode – Clausthal-Zellerfeld bietet sich für eine Anreise von Norden per Bus an. Zu empfehlen ist die Haltestelle „Osterode Kornmagazin". PKW-Reisenden steht in der Scheerenberger Straße der kostenfreie öffentliche Parkplatz „Bleichestelle" mit Toiletten und einer Informationstafel zum Harzer Hexen-Stieg zur Verfügung. Der Einstieg in den Wanderweg befindet sich gegenüber der Parkplatzeinfahrt.
Thale bietet ebenfalls vielseitige Anreisemöglichkeiten. Täglich überwiegend im Stundentakt fahren Züge der Strecke RE 11 von Halberstadt nach Thale Hauptbahnhof. Direkt vor der Tür beginnt am Schilderbaum im Kurpark der Harzer Hexen-Stieg. Mit dem Bus kann man mit der Linie 250 Wernigerode – Thale bzw. mit der Linie 253 Quedlinburg – Thale anreisen. Der Busbahnhof liegt ebenfalls direkt am Wegbeginn. Und die Möglichkeit zum Parken (kostenpflichtig) besteht auf dem Großparkplatz „An der Hütte" gegenüber dem Busbahnhof. Für Wohnmobilisten stehen nebenan zahlreiche Plätze zur Verfügung.
Als Übernachtungsgast fährt man für die Kurtaxe **im gesamten Harz** mit fast allen Buslinien kostenfrei. *www.HATIX.info*

Zwischen Osterode und Buntenbock

Auf alten Handelswegen

Die Etappe zwischen Osterode und Buntenbock verläuft auf historischen Handelswegen. So wandert man über den Hundschen Weg, auf dem einst die Eselskarawanen Brot und Getreide nach Clausthal zogen oder Eisenerz transportierten. Und die Alte Harzstraße bei Lerbach, die von Osterode nach Goslar führt, gehört zu den historischen Harzquerungen.

10,8 km 140, 137

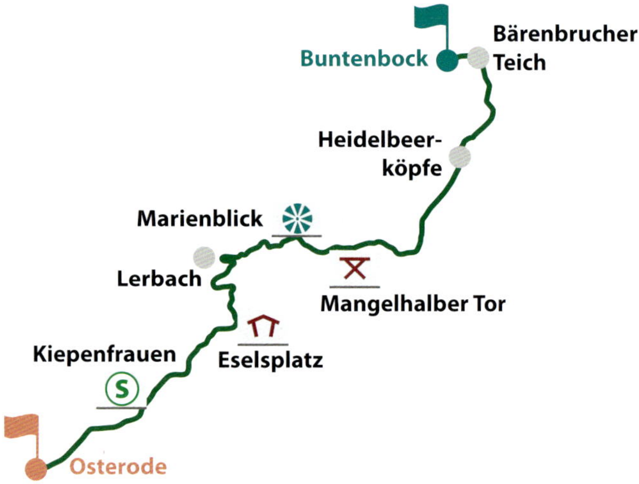

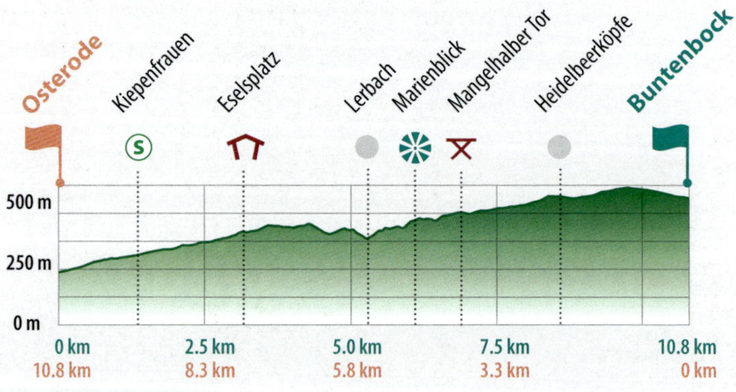

i Wissenswertes

Osterode

Die Fachwerkstadt Osterode liegt an der Söse am Rand des Harzes sehr verkehrsgünstig. Eine alte Heerstraße der sächsischen Kaiser und Könige führte zu deren Pfalzen im Thüringischen und traf hier auf die Querverbindungen über den Harz von Goslar aus. Osterode ist ein „rode"-Ort aus der Zeit um 1000 und zählte später zum Territorium Heinrichs des Löwen. Nach einer der welfischen Teilungen wurde Osterode Residenz des Fürstentums Grubenhagen. Osterode verlor 2016 seinen Kreisstadt-Status und gehört heute zum Landkreis Göttingen.

Der Ort überrascht mit großem Bestand an beeindruckenden alten Fachwerkhäusern wie dem Rinneschen Haus, der Ratswaage und dem historischen Rathaus. *Tipp:* Stadtführung durch die historische Altstadt.

Südharzer Gipskarstgebiet

In Osterode beginnt das Südharzer Gipskarstgebiet, in dessen Gipshöhlen sich bronzezeitliche Artefakte gefunden haben. Das Gebiet zum Eichsfeld hin, die Goldene Mark, wartet mit zahlreichen geologischen Besonderheiten von Karstlandschaften auf wie Erdfälle, Dolinen, Bachschwinden, Höhlen und Karrenfelder. Außerdem ist die Region sehr fruchtbar und bildete die Kornkammer für den Oberharzer Bergbau. Im 1720 erbauten Osteroder Kornmagazin (heute Stadtverwaltung) durften die Clausthaler Bergleute subventioniertes billiges Brotgetreide kaufen.

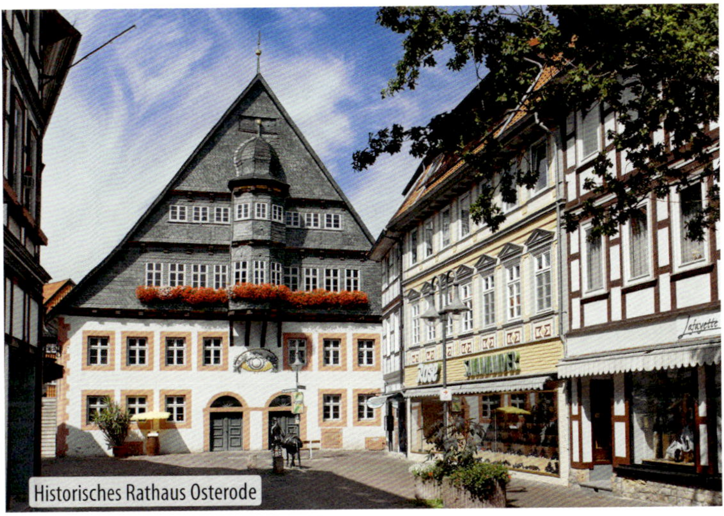

Historisches Rathaus Osterode

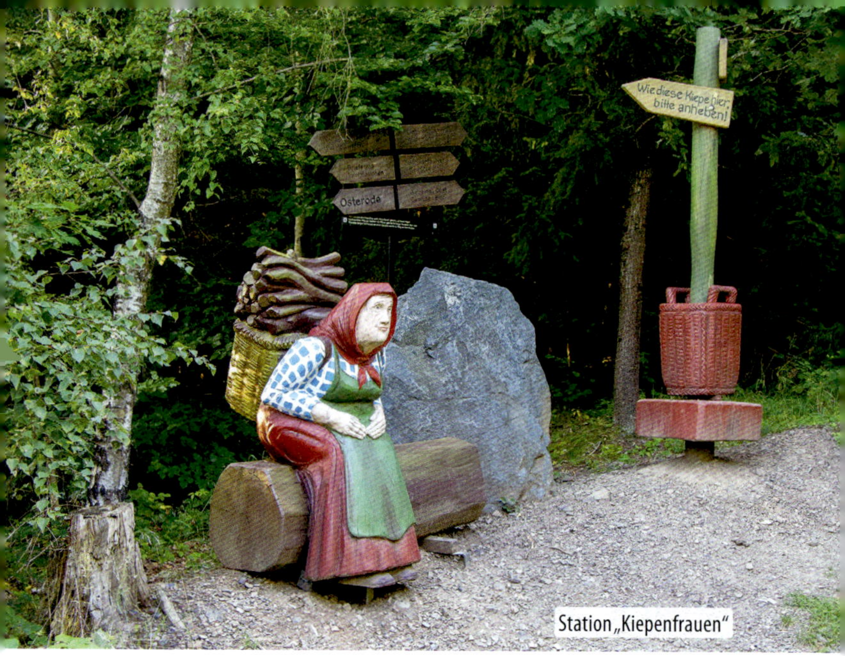

Station „Kiepenfrauen“

Lerbach

Der ehemalige Eisenhüttenort liegt an der sogenannten „Alten Harzstraße“ von Osterode nach Goslar und wurde um 1530 aufgrund von Roteisensteinfunden gegründet. *Tipp:* Eisensteinerlebnispfad am Nordhang des Lerbachtales oberhalb des kleinen Ortes.

Bärenbrucher Teich

Die Mehrzahl der wasserspeichernden Teiche der Oberharzer Wasserwirtschaft entstand ab 1550, der Bärenbrucher Teich wohl um 1640. Er liegt direkt im Flussbett der Innerste; hier wurde einfach Innerstewasser angestaut. Der Teichdamm, den wir überqueren, wurde mit aufgeschichteten Rasensoden abgedichtet. Der Damm selbst besteht aus einer Erdschüttung, die meist aus dem Teichgrund gewonnen wurde. Es brauchte Können und Erfahrung, um wasserdichte und haltbare Dämme zu bauen. Die Überlieferungen berichten von Dammbrüchen und Überschwemmungskatastrophen mit Toten und hohen Sachschäden.

Zu jedem Teich gehörten neben dem Damm ein Striegelhäuschen und ein Striegelgerüst, durch das der Wasserausfluss geregelt wurde. Außerdem sorgte eine Ausflut dafür, dass bei Hochwasser überschüssiges Wasser abgeleitet werden konnte, ohne den Damm zu überfluten und damit zu zerstören. All diese Bauteile sind am Bärenbrucher Teich zu erkennen. Auch an weiteren Teichen unseres Weges findet man einzelne Elemente in verschiedenartiger Ausgestaltung wieder.

Von Osterode nach Buntenbock

Noch auf dem Parkplatz „Bleichestelle" in **Osterode** befindet sich ein Tor, das Beginn und Ende des Harzer Hexen-Stiegs markiert. Wir schreiten hindurch und überqueren die Straße, wo uns ein großes Schild nach rechts den Weg weist. Um mit dem Harzer Hexen-Stieg die Clausthaler Hochfläche zu erreichen, nutzen wir den gleichmäßig ansteigenden Weg, den auch die Eselskarawanen mit Brotgetreide nach Clausthal nahmen. Der Weg ist trocken, da er auf der Wasserscheide zwischen Söse und Lerbach verläuft. Nach Überwinden eines Höhenunterschiedes von 80 Metern kommen wir an die Waldgrenze (Wald momentan im Wandel). Hier lohnt ein Blick zurück. Bei guter Sicht sind in südlicher und südwestlicher Richtung die Höhen des Leineberglandes zu erkennen. Südöstlich liegt der lange Höhenrücken des Rotenberges, eine auffallende Landmarke. Im Vordergrund sehen wir die Reste eines Bergfriedes, der zu einer schon im 16. Jahrhundert zerstörten Adelsburg gehörte.
Der Weg, auf dem wir nun gehen, heißt **Hundscher Weg**. Er taucht zum ersten Mal in einer Goslarer Urkunde aus dem 14. Jahrhundert auf. Der Weg steigt weiter an. Die kleine weiße Hexe leitet uns an Abzweigen immer auf den mittleren Weg. Wir passieren die Kreuzung „Mooslaube" mit einem Rastplatz und treffen bald darauf links auf die erste Hexen-Stieg-Station; ein Denkmal für die Harzer Kiepenfrauen. Bis zu 40 Kilogramm brachten die mit Wolle, Garn, Getreide, Obst, Bier und vielem mehr gefüllten Kiepen auf die Waage. Wer einen Eindruck davon erhalten möchte, kann hier eine Holzkiepe anheben. Später blicken wir nach Nordwest ins Lerbachtal und auf den gleichnamigen Ort **Lerbach**.
Wir erreichen nach dem stetigen Anstieg den **Eselsplatz**, an dem einst die Eselskarawanen rasteten. Die Köhlerhütte selbst ist verschlossen, aber ein Unterstand davor und Bänke laden zu einer Verschnaufpause ein. Stempelsammler finden den Stempel 140 vor. *Tipp*: Ein kurzer Abstecher auf den Gipfel des Scheerenberges führt zu einem attraktiven Fotopoint. Am Eselsplatz knickt der Harzer Hexen-Stieg nach links ab. Bald darauf können wir die schöne Aussicht von Körnigs Ecke genießen und gut einen Kilometer danach schauen wir am Marienblick ins Lerbachtal. Almflair umgibt uns an der Schutzhütte – die wunderbare Aussicht auf den Mühlenteich im Tale, der steile Hang zu unseren Füßen...
Der Weg windet sich oberhalb von Lerbach fast eben am Berghang entlang, teilweise sogar mit ganz leichtem Gefälle. Der Flurname für dieses Gebiet lautet „Rote Sohle". Wir gelangen nach 2,7 Kilometern zum Rastplatz **Mangelhalber Tor** (heute ein Nachbau von 1992). Die früheren Bewohner schützten ihre Äcker und Gärten vor Wild mit einem 20 Kilometer langen Gatter, dessen eingelassene Tore den Zugang zum Wald ermög-

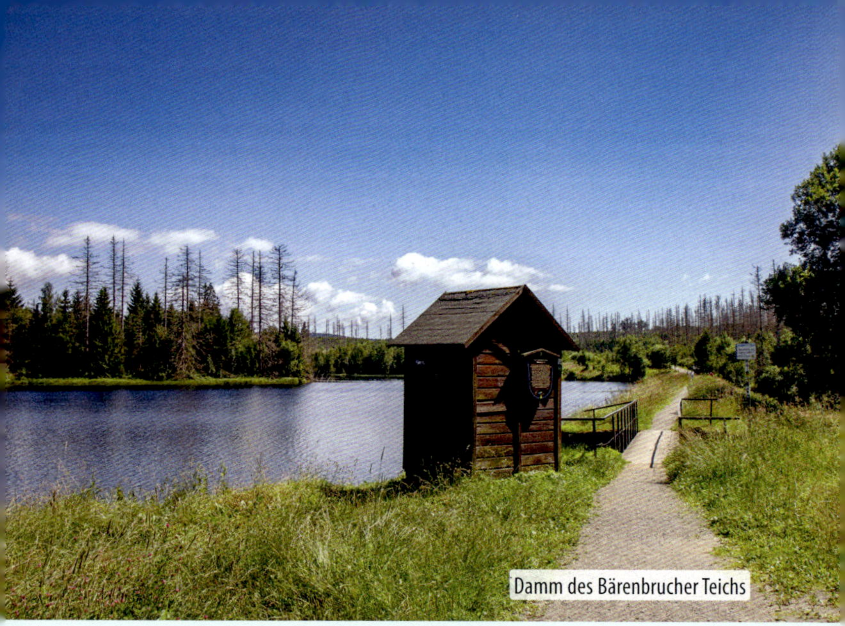

Damm des Bärenbrucher Teichs

lichten. An dieser Stelle soll ehemals solch ein Tor gestanden haben. Wir halten uns an der Wegegabel links und genießen durch den erst langsam nachwachsenden Wald die freie Sicht hinüber zum lang gestreckten Höhenzug „Auf dem Acker". Nach zwei Kilometern, etwa einer halben Stunde Wanderzeit, erreichen wir einen Rastplatz auf Höhe der **Heidelbeerköpfe**. Sie sind mit 605 Metern die höchste Stelle dieser Etappe. Hier verläuft die Wasserscheide zwischen der Söse und der Innerste.

Die Innerste, ein Nebenfluss der Leine, in die sie hinter Hildesheim mündet, war der wichtigste Fluss für den Oberharzer Bergbau. Alle Teiche, die wir passieren werden, sind mit Innerstewasser gefüllt. Am **Bärenbrucher Teich** treffen wir gleich am Beginn des Damms auf eine Schutzhütte, in der wir den Stempel 137 finden. Hier ist der erste Abschnitt des Harzer Hexen-Stiegs geschafft – wir sind in Buntenbock. Der Ortsmittelpunkt liegt etwa einen Kilometer westlich. Es bietet sich auch eine Übernachtung auf dem Campingplatz Prahljust an. Er liegt etwa 900 Meter weiter direkt am Harzer Hexen-Stieg.

Von Buntenbock nach Osterode

Vom Damm des **Bärenbrucher Teiches** (Wanderhütte mit Stempelstelle 137) aus laufen wir weiter geradeaus auf der breiten Forststraße, die wir gleich in der Rechtskurve verlassen. Nun geht es gerade hinauf zum „**Hundschen Weg**", der zum ersten Mal bereits in einer Goslarer Urkunde aus dem 14. Jahrhundert auftaucht. Diesen erreichen wir nach etwa 400 Metern und auf ihm werden wir nach etwa acht Kilometern in Osterode eintreffen. Allerdings ist der Weg wenig spektakulär, sehr breit und geschottert. Eine Pause bietet sich am Rastplatz nahe der 605 Meter hohen **Heidelbeerköpfe** an, der höchsten Stelle dieser Etappe. Hier verläuft die Wasserscheide zwischen der Söse und der Innerste. Die Innerste, ein Nebenfluss der Leine, in die sie hinter Hildesheim mündet, war der wichtigste Fluss für den Oberharzer Bergbau. Alle Teiche, die wir passiert haben, sind mit Innerstewasser gefüllt.

Freie Sicht haben wir direkt vom Weg aus durch den erst langsam nachwachsenden Wald hinüber zum lang gestreckten Höhenzug „Auf dem Acker". Am **Mangelhalber Tor** (Rastplatz) empfängt uns nicht nur der Nachbau des Tores von 1992, sondern auch ein in Holz geschnitztes Liebespaar. Die früheren Bewohner schützten ihre Äcker und Gärten vor Wild

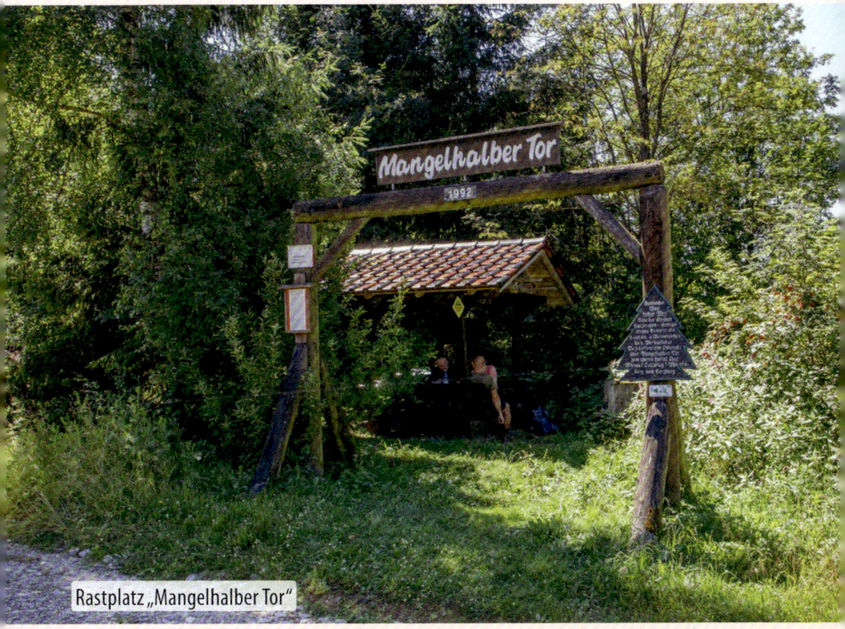

Rastplatz „Mangelhalber Tor"

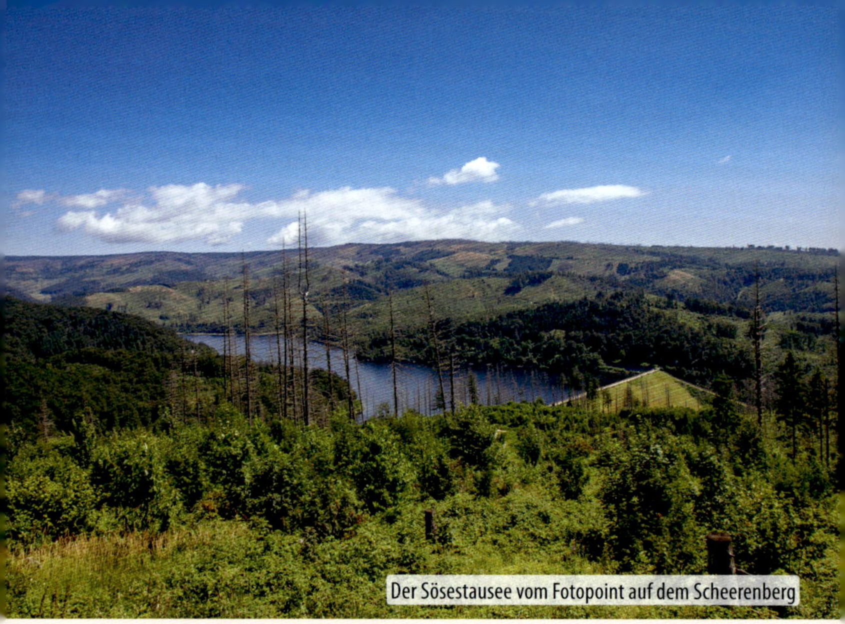

Der Sösestausee vom Fotopoint auf dem Scheerenberg

mit einem 20 Kilometer langen Gatter, dessen eingelassene Tore den Zugang zum Wald ermöglichten. Auch am Marienblick von Lerbach gestalten Holzskulpturen den Wanderweg. Almflair umgibt uns an der Schutzhütte – die wunderbare Aussicht auf den Mühlenteich im Tale, der steile Hang zu unseren Füßen...

Auf dem Weg Rote Sohle wandern wir nun bequem und bei relativ konstanter Höhe Richtung Eselsplatz oberhalb des Ortes **Lerbach**. An Körnigs Ecke blicken wir auf die Kalkberge, die hinter dem nördlichen Osterode aufsteigen. Kurz dahinter gibt es, wie schon mehrfach zuvor, die Möglichkeit ins Tal abzusteigen, hier direkt zum Hotel Sauerbrey. Der Harzer Hexen-Stieg bleibt jedoch auf der Höhe, steigt sogar noch etwas an, denn an der nächsten Wegegabelung geht es links etwa 400 Meter hinauf zum **Eselsplatz**. Abermals begegnet uns hier diese liebevolle Gestaltung der Wanderwege mit Skulpturen und ausgefallenen figürlichen Wegweisern. Zwei in Holz geschnitzte Esel schmücken den Platz. Es gibt Ruhebänke und Unterschlupf an der (verschlossenen) Köhlerhütte und hier steht der Stempelkasten Nummer 140. *Tipp*: Ein kurzer Abstecher auf den Gipfel des Scheerenberges führt zu einem attraktiven Fotopoint.

Vor dem Eselsplatz wenden wir uns nach rechts, bleiben auf der abwärtsführenden Schotterstraße und kommen zur letzten Hexen-Stieg-Station mit der Harzer Kiepenfrau. Wie schwer diese Frauen schleppen mussten! Bis zu 40 kg brachten die mit Wolle, Garn, Getreide, Obst, Bier und vielem mehr gefüllten Kiepen auf die Waage. Wer einen Eindruck davon erhalten möchte, kann hier eine Holzkiepe anheben.

Von der Kreuzung „Mooslaube" mit Rastplatz aus liegen noch knapp zwei Kilometer vor uns. Schon bald genießen wir über eine weite Wiese den herrlichen Blick auf **Osterode**. Bei guter Sicht sind in südlicher und südwestlicher Richtung die Höhen des Leineberglandes zu erkennen. Südöstlich liegt der lange Höhenrücken des Rotenberges, eine auffallende Landmarke. Im Vordergrund sehen wir die Reste eines Bergfriedes, der zu einer schon im 16. Jahrhundert zerstörten Adelsburg gehörte. Immer geradeaus treffen wir am Parkplatz „Bleichestelle" schließlich auf das Tor Harzer Hexen-Stieg (Endpunkt).

Informationsstellen

Osterode am Harz

Tourist-Information Osterode

37520 Osterode am Harz, Eisensteinstraße 1 ✆ 05522/318333
www.osterode.de ✉ touristinfo@osterode.de

Buntenbock

Tourist-Information Buntenbock

38678 Clausthal-Zellerfeld OT Buntenbock, Schwarzenbacher Straße 19
www.oberharz.de ✉ info@oberharz.de ✆ 05323/7128960

Einkehren und Übernachten

Osterode am Harz

» **zahlreiche Übernachtungs- und Einkehrmöglichkeiten im Ort**

» **Hotel Harzer Hof** *www.hotel-harzer-hof.de*
Bahnhofstraße 26 ✆ 05522/50550 ✉ info@harzerhof.de

» **Hotel und Restaurant Zum Röddenberg**
Steiler Ackerweg 6 ✆ 05522/90540, ***Entfernung vom Hexen-Stieg 1,4 km***
www.hotel-zum-roeddenberg.de ✉ info@hotel-zum-roeddenberg.de

» **Campingplatz Eulenburg** *www.eulenburg-camping.de*
Scheerenberger Straße 100 ✆ 05522/6611 ✉ ferien@eulenburg-camping.de

Lerbach

» **Restaurant „Zum Trost" im Hotel Sauerbrey**
Friedrich-Ebert-Straße 129, ***Entfernung vom Hexen-Stieg ca. 700 m***
Biergarten, saisonal wechselnde Spezialitäten und regionale Küche
⏱ So-Do 18-23 Uhr, Fr/Sa 18-24 Uhr ✆ 05522/50930
www.hotel-sauerbrey.de ✉ info@hotel-sauerbrey.de

Buntenbock

» **siehe Seite 24**

Zwischen Buntenbock und Torfhaus

Oberharzer Wasserwirtschaft

Diese Etappe verläuft durch ein historisch gewachsenes System aus künstlich angelegten Seen, Gräben und Teichen – der Oberharzer Wasserwirtschaft. Die Ursprünge dieses primär für den Bergbau entwickelten Gewässersystems liegen im 13. Jahrhundert. Viele technische Errungenschaften der vergangenen Jahrhunderte, wie die Huttaler Widerwaage, und architektonische Leistungen, wie der Sperberhaier Damm, können links und rechts des Harzer Hexen-Stiegs entdeckt werden. Seit 2010 befindet sich die Oberharzer Wasserwirtschaft auf der Liste der UNESCO Welterbestätten.

|⟷| **21,5 km** 128, 133

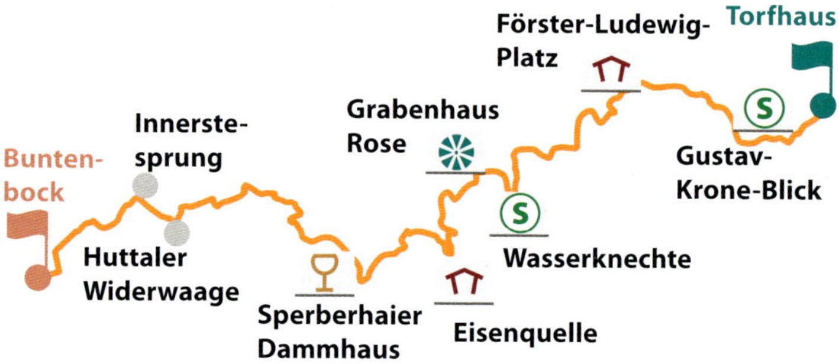

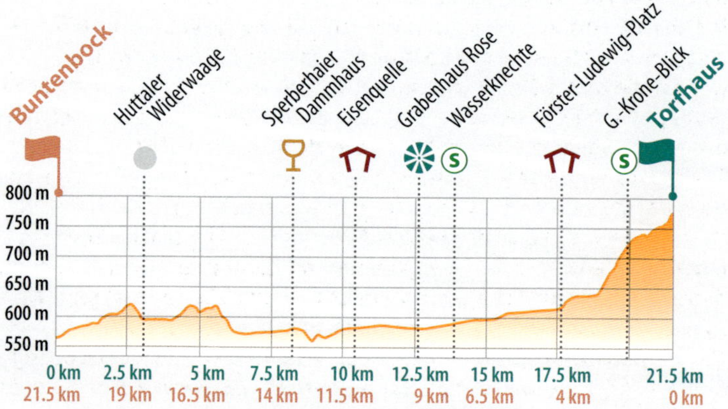

i Wissenswertes

Bergbau auf der Clausthaler Hochfläche

Geologisch handelt es sich bei der Clausthaler Hochfläche um Schiefer aus dem Karbon, in dem Gangerze aus silberhaltigem Blei eingeschlossen sind. Im Mittelalter haben hier vermutlich Zisterziensermönche aus dem Südharzer Kloster Walkenried Silberbergbau betrieben. Aus dieser Zeit ist wenig überliefert. Eine mythische Erinnerung ist der Bergmönch in den Sagen, der häufig den Menschen helfend zur Seite stand.
Technische Schwierigkeiten brachten den Bergbau um 1300 zum Erliegen. Im 16. Jahrhundert statteten die Grubenhagener Herzöge die Stadt Clausthal mit Bergfreiheit aus. Fortan wurde auf der Clausthaler Hochfläche konzentriert silberhaltiges Bleierz gefördert. Alles, was die Bergleute benötigten, musste herangeschafft werden. Die Fuhrleute lebten vorwiegend in Buntenbock. Auch die Frauen der Bergleute trugen in Kiepen vieles für den täglichen Bedarf Benötigte herbei. Einen Teil ihres Weges erwandern wir auf der Etappe „Auf alten Handelswegen" (S. 6).

UNESCO-Welterbe Oberharzer Wasserwirtschaft

Die Oberharzer Wasserwirtschaft ist das mit Abstand größte und bedeutendste vorindustrielle Energieversorgungssystem der Welt. Mit großem Engagement bewahren die Harzwasserwerke Hildesheim dieses Kulturdenkmal und erläutern es auf zahlreichen Tafeln am Wegesrand. 2010 erkannte die UNESCO die technischen Leistungen in Ergänzung zum Rammelsberg und der Altstadt von Goslar als Welterbe an. Heute sind noch 107 Teiche und 310 Kilometer Grabennetz im Oberharz erhalten.
Im 17. Jahrhundert wurde die Wasserkraft als Energiequelle für den Bergbau und die Verhüttung erschlossen. Wasserräder trieben Pumpen an, die die Schächte trocken hielten, hoben die mit Erz gefüllten Förderkörbe, bewegten die Hämmer der Pochwerke, um das Erz zu zerkleinern, und pressten die Blasebälge der Verhüttungsöfen. Bei Trockenheit und Frost drehten sich die Wasserräder nicht und der Bergbau stand still. Der Landesherr, die Braunschweiger Herzöge in Hannover, erließen deshalb das „Oberharzer Wasserregal". Das „Regal", im Sinne von „Regel" setzte das Recht, das Wasser in erster Linie für den Bergbau zu nutzen. So durften selbst Bäche wie die Oker und die Abbe zu den Clausthaler Erzgruben umgeleitet werden. Die Gräben wurden mit geringstem Gefälle gebaut, um das Wasser hoch zu halten, und Teilstücke durch Tunnel geleitet (Wasserläufe), was ein Einfrieren verhinderte. Bei Dauerregen galt es, Dammbrüche und Überschwemmungen abzuwenden, also das überschüssige Wasser abzuleiten. Auf dieser Etappe erleben wir Beispiele der frühen Wasserbautechnik. *www.harzwasserwerke.de*

Die Innerste

Die Innerste fließt von der Quelle am Entensumpf durch Buntenbock, Wildemann, Lautenthal, Langelsheim und Baddeckenstedt im Harzvorland nach Hildesheim und Sarstedt. Nördlich von Sarstedt mündet sie in die Leine. Der Name Innerste ist uralt; vorgermanisch. Ähnliche Gewässernamen gibt es in Lettland. Die Innerste ist wohl der Harzfluss, der die meiste Energie für Bergbau und Hüttentechnik liefern musste und auch die meisten Abwasser mit Schwermetallen zu verkraften hatte. Die Wiesen längs der Innerste, die im Harzvorland bei Hochwasser überschwemmt worden waren, haben teilweise noch heute diese Belastung.
Wilhelm Raabe beschrieb in der Novelle „Die Innerste" die Not, die bei Hochwassern entstand und den Wassermüllern an der Innerste ihre Mühlen zerstörte. In frühen Zeiten wurde ein Hochwasser als Strafe für eine Verfehlung des Müllers gedeutet. Auch musste die Innerste durch Opfer besänftigt werden. Heute soll die Innerstetalsperre mögliche Hochwasser verhindern.

Huttaler Widerwaage

Mit der „Huttaler Widerwaage" kann das Wasser scheinbar bergauf fließen. Es vermag sowohl durch den Stollen „Huttaler Wasserlauf" in Richtung Hirschler Teich als auch zurück in den Huttaler Graben zu fließen. Wenn der Hirschler Teich randvoll ist und überzulaufen droht, lässt sich die Fließrichtung umkehren. Alternativ kann das Wasser auch durch einen sogenannten „Fehlschlag" in das Huttal abgeleitet werden.

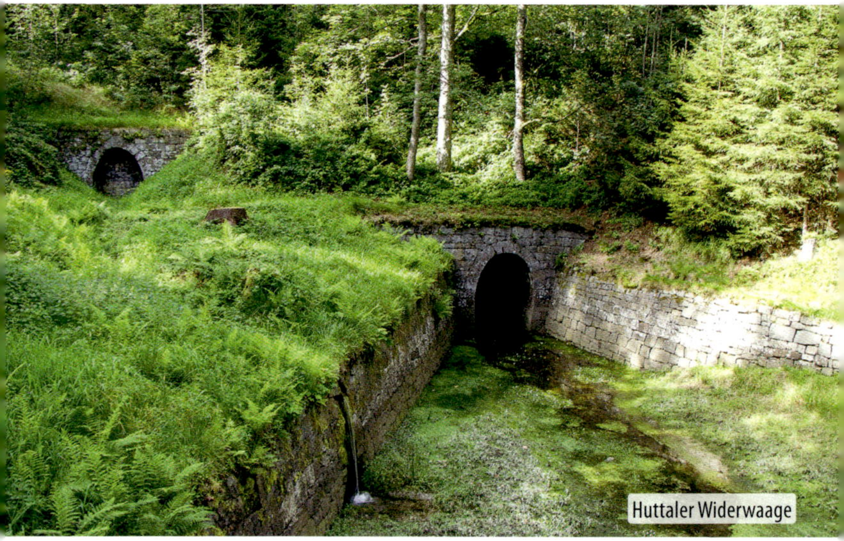
Huttaler Widerwaage

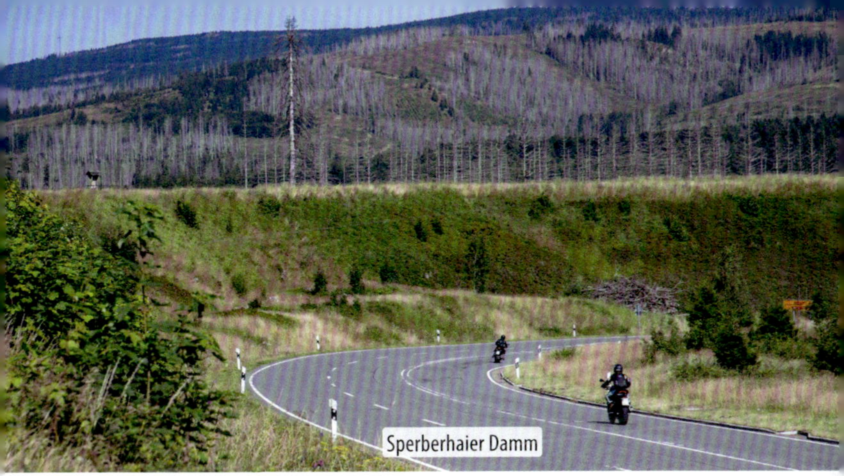

Sperberhaier Damm

Damit das möglich ist, musste der Wasserlauf genau waagerecht gebaut, das heißt „söhlig" aufgefahren werden. Das Geniale besteht in der Erkenntnis, dass Wasser nicht nur fließt, wenn ein Graben Gefälle oder „Schuss" (wie der Bergmann sagt) hat, sondern auch bei ebener Sohle, wenn ein Gefälle an der Wasseroberfläche entsteht. In der Natur ist das gleiche Phänomen in manchen Strommündungen, bedingt durch Ebbe und Flut, zu beobachten. Bei der Huttaler Widerwaage steuert jedoch der Mensch den Wechsel des Fließens.
Das kleine Becken diente dazu, das Gefälle künstlich zu verändern. Hier wurden einfach ein paar Abschlussbalken herausgenommen, wodurch das Wasser abfließen konnte. Damit sank der Wasserspiegel künstlich unter das Niveau des Hirschler Teichs und die Fließrichtung kehrte sich um.

Sperberhaier Damm

Zum Ausgleichen einer größeren Bodensenke wurde dieser Damm errichtet, eine der herausragenden technischen Leistungen der Oberharzer Wasserwirtschaft. Das Vorhaben bereitete große Schwierigkeiten. 20 Jahre lang hatte man geplant und verschiedene Möglichkeiten erwogen. Zum Bau einer Druckleitung aus Rohren kam es wegen der Unwägbarkeiten nicht. 1733 und 1734 wurde dann der Sperberhaier Damm aufgeschüttet. Auf der Großbaustelle arbeiteten zeitweise 40 Prozent aller Clausthaler Bergleute. Sie transportierten die Erdmenge mit Schubkarren.

Der Dammgraben

Die Bergleute experimentierten beim Bau der Gräben intensiv, um herauszubekommen, wie viel Gefälle ein Graben haben sollte. In Gräben mit zu wenig Schuss fror das Wasser im Winter leichter ein und die Abdichtung dieser Gräben gegen versickerndes Wasser war aufwendiger. Andererseits verschenkte man mit zu großem Schuss wertvolle Energie. Frü-

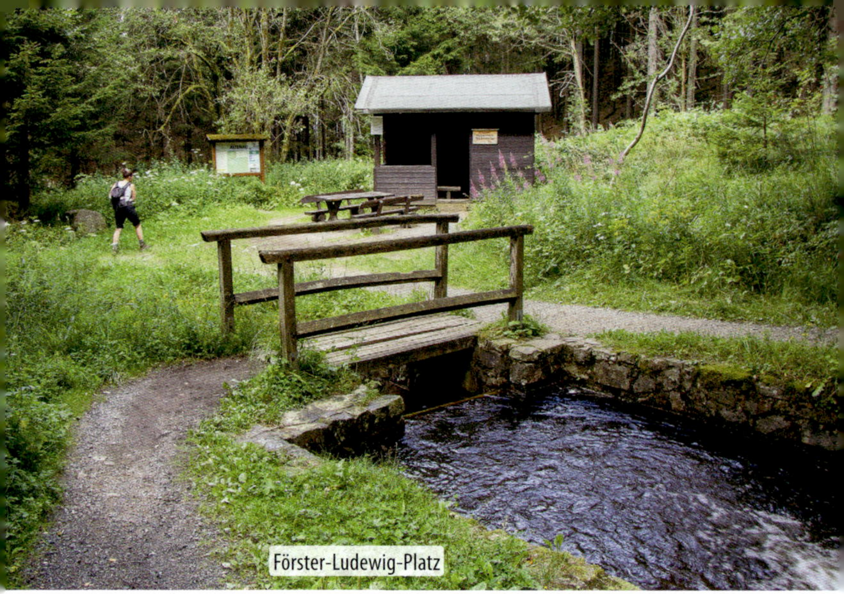

Förster-Ludewig-Platz

her wurden die Gräben im Winter zum Schutz vor Frost mit Fichtenreisig abgedeckt. Oberbergmeister Stelzner kam Ende des 18. Jahrhunderts zu dem Ergebnis, ein Gefälle von 0,5 Promille sei ausreichend.
Die Arbeiten zum Bau des Dammgrabens bis zum Förster-Ludewig-Platz währten etwa 40 Jahre. Die Stelle, wo sich der Harzer Hexen-Stieg vom Dammgraben nordwärts entfernt und der Dammgraben selbst als „Kellwasser-Wasserlauf" das Flüsschen Nabe überquert, nennt der Volksmund „Wiege des Dammgrabens".

„Englische Crone" am Förster-Ludewig-Platz

Am Förster-Ludewig-Platz befand sich die Grube „Englische Crone", die Anfang des 18. Jahrhunderts abgeteuft wurde. Der Name erinnert daran, dass zu jener Zeit die englischen Könige zugleich Kurfürsten von Hannover waren. Es war die Zeit der Personalunion. Sie dauerte von 1712 bis 1837. In dieser Zeit regierten Georg I., Georg II., Georg III., schließlich Georg IV. und ab 1830 William IV. – alle aus dem Hause Hannover – in London. Die Wasserkraftzufuhr für die Grube Englische Crone, der Englisch-Croner-Graben, wurde 1773 in das Dammgrabensystem einbezogen.

Von Buntenbock nach Torfhaus

Auf dem Damm des Bärenbrucher Teiches haben wir die Innerste überquert und wandern nun flussaufwärts bis zum **Oberen Nassewieser Teich**. Unser Weg führt über den Teichdamm, wir queren damit die Innerste zum zweiten Mal, der Weg knickt scharf nach links gen Norden. Nach einigen hundert Metern erreichen wir den Entensumpf. Unmittelbar hinter dem im 16. Jahrhundert angelegten kleinen Teich befindet sich die steinern gefasste **Innerstequelle**. Sie liegt 605 Meter hoch, fast auf einem Höhenrücken. Nach wenigen Schritten Richtung Osten sind wir an der Wasserscheide des Einzugsgebietes der Innerste angelangt. Für den Bergbau war diese Wasserscheide ein großes Problem, denn weniger als einen Kilometer nordwestlich unseres Standpunkts liegt das Zechenhaus Dorothea der ergiebigsten Grube im Oberharz, die von 1709 bis 1864 ununterbrochen reiche Ausbeute lieferte und viel Wasser benötigte.
Der Harzer Hexen-Stieg bringt uns nun ins Huttal und zur **Huttaler Widerwaage**, die dem Betrachter auf den ersten Blick unbedeutend erscheinen mag. Das Bauwerk ist jedoch von genialer Konzeption und seine Ausführung zeugt von herausragender Ingenieurskunst. Der Begriff „Widerwaage" bedeutet „gegen die Waagerechte". In das Heft der Harzer Wandernadel kann der Stempel 128 gedrückt werden.
Der Weg leitet uns entlang dem **Huttaler Graben** auf dem Damm des trockenliegenden Huttaler Teiches, über den auch ein Graben führt. Dieser Teichdamm ist damit ein Aquädukt. Nebenher erfahren wir von einem Drecksumpf und was es damit auf sich hat, von einem frühmittelalterlichen Schmelzplatz und vom ehemaligen Direktor der Harzwasserwerke Dr. Martin Schmidt (Rastplatz), der das Kulturdenkmal **Oberharzer Wasserwirtschaft** betreute. Am Ende des Teichdammes wendet sich der Hexen-Stieg nach links. Wir erkennen das Mundloch (Stolleneingang) des **Schwarzenberger Wasserlaufs**. Er unterquert die Harzhochstraße (B 242). Wir überqueren die Straße und erblicken den Hinweis auf das Polsterberger Hubhaus (Raststätte, Abstecher 800 Meter).
Wir setzen unseren Weg östlich durch den Wald fort, haben das Einzugsgebiet der Söse verlassen und das der Oker erreicht. Dieses wasserreiche Areal um den Bruchberg wollten die Bergleute anzapfen, um die Wassernot der Grube Dorothea ein für alle Mal zu beseitigen. Dazu musste die Senke am Sperberhai, die vor uns liegt, überwunden werden. Es entstand der **Sperberhaier Damm**. Am östlichen Ende des Dammes befindet sich im alten Grabensteigerhaus, dem Dammhaus, eine Gaststätte. Um uns hier erholen zu können, müssen wir die B 242 für einen Abstecher noch einmal überqueren. Der Harzer Hexen-Stieg bleibt nördlich der Bundesstraße und knickt scharf nach Norden ab. In wenigen Schritten stehen wir

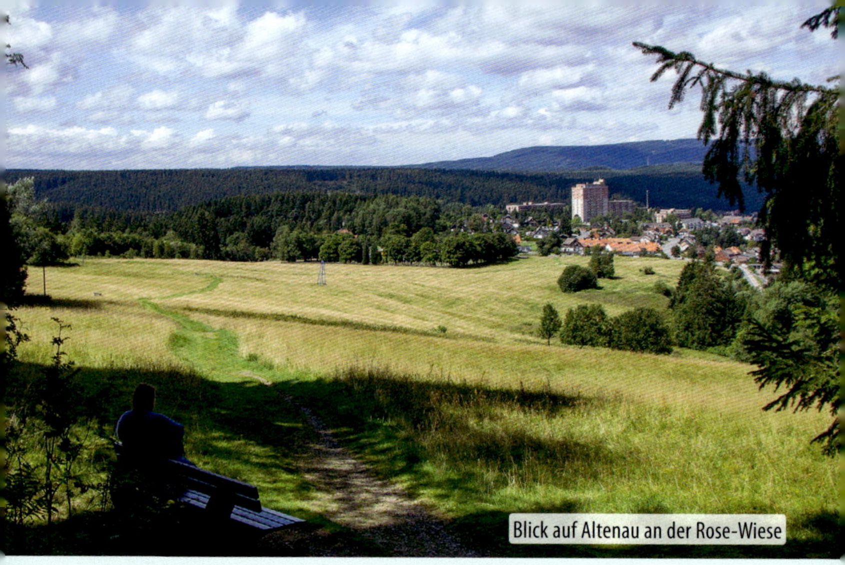

Blick auf Altenau an der Rose-Wiese

am „**Großen Kolk**", einer wasserbautechnischen Anlage zum Schutz des Dammgrabens. Nach etwa 800 Metern gelangen wir an einen Rastplatz mit Quelle, den **„Fieke Märtens Brunnen"**. Er ist nach einem Altenauer Bürger benannt, der um 1700 lebte. Unser Wanderweg quert die B 498 und führt uns an den **Dammgraben**. Nach knapp einem Kilometer erreichen wir die **Eisenquelle**, einen Brunnen, dessen Wasser wirklich besonders eisenhaltig ist. An der Quelle hat der Harzklub eine Schutzhütte mit Rastplatz errichtet. Unser Weg geht nun immer beschaulich auf der Grabenbrust des Dammgrabens entlang.

Von der Eisenquelle laufen wir etwa eineinhalb Kilometer bis zum Grabenhaus Rose. Bänke laden zum Ausruhen ein. Der Blick über die Bergstadt Altenau ist beeindruckend. Nach weiteren 500 Metern gelangen wir an das Wehr der Großen Oker. Es ist der Hauptquellarm der Oker, der hier den Dammgraben kreuzt. Hier steht ein Regal mit hölzernen Schöpfeimern – die Hexen-Stieg-Station „Wasserknechte". Mit dem Dammgraben umrunden wir den Kunstberg. Auf der Rückenlinie des Kunstbergs verläuft der „Gustav-Baumann-Weg", der nach einem 1931 verstorbenen Altenauer benannt ist. Nach Erreichen des Wehres der Kleinen Oker sind es nur wenige hundert Meter bis zum Silberbrunnen, einer kräftigen Quelle bergseitig vom Dammgraben. Hier stehen ebenfalls Bänke. Kurz darauf queren wir die Altenau.

Nach gut einem Kilometer kreuzen wir die Steile-Wand-Straße zum Torfhaus und erreichen nach einem weiteren Kilometer den **Förster-Ludewig-Platz**. Die Schutzhütte des Harzklubzweigvereins Altenau sowie die Sitzgruppe auf der anderen Seite des Grabens bieten Gelegenheit zu einer Verschnaufpause. Es erwartet uns außerdem die Stempelstelle 133.

Der Harzer Hexen-Stieg führt jetzt zum ersten Mal durch ein Gebiet, in dem Granite des Brocken-Plutons bis an die Oberfläche anstehen. Der felsige und hochgebirgsartige Weg wurde vor dem zweiten Weltkrieg vom Harzklub-Zweigverein Magdeburg finanziert und heißt deshalb **Magdeburger Weg**. Auf ihm gelangen wir zum **Nabetaler Graben**, der dem Dammgraben Nabewasser zuführt. Bald erreichen wir die Nabe selbst und entdecken linker Hand ein hölzernes Geländer, das steil ins Tal hinabführt. *Tipp:* Dieser kurze Abstecher zum unteren Bereich des Nabetaler Wasserfalls lohnt sehr, da man hier auf einer kleinen Brücke über das Wasser balancieren und einen Blick in den **Kellwasser-Wasserlauf** werfen kann.

Ein Stück weiter auf dem Magdeburger Weg stehen wir am Informationspunkt **Nabetaler Wasserfall**. Der Weg wird immer steiniger. Bald kommen wir zur Hexen-Stieg-Station Gustav-Krone-Blick mit Aussicht zum Dehnenkopf sowie an die **Geheimrat-Schneider-Bank**, die an den ersten Vorsitzenden des Harzklubs, Albert Schneider aus Blankenburg, erinnert. Der Weg bleibt steinig und wurzelig. Verlegte Bohlen helfen, besonders feuchte und unwegsame Stellen zu überwinden. Über den Abbegraben neben dem Skilift „Am Rinderkopf" geht es zum Parkplatz an der „Steile-Wand-Straße" (L 504) und an der Jugendherberge vorüber zur B 4. Wir sind am Etappenziel Torfhaus.

Wegbeschreibung nach Osterode

Von Torfhaus nach Buntenbock

Am unteren Ende des Parkplatzes an der „Steile-Wand-Straße" (L 504 nach Altenau) treffen wir auf einen steinigen und wurzeligen Pfad, dem **Magdeburger Weg**. Er wurde vor dem Zweiten Weltkrieg vom Harzklub-Zweigverein Magdeburg finanziert. Verlegte Bohlen helfen, besonders feuchte und unwegsame Stellen zu überwinden. An der urigen **Geheimrat-Schneider-Bank** (dem ersten Vorsitzenden des Harzklubs Albert Schneider aus Blankenburg gewidmet) unterhalb eines Felsvorsprungs fokussiert die Hexen-Stieg-Station Gustav-Krone-Blick die sich verändernde Natur; ein Foto dokumentiert den Zustand um 1939. Unser Weg bleibt sehr steinig und erfordert große Aufmerksamkeit. Rechts fällt das Gelände teils sehr stark ab. Schließlich wandern auch wir etwas steiler abwärts und haben dabei nun einen freien Blick auf das Tal entlang dem Kellwasser.

Wir erreichen den Informationspunkt **Nabetaler Wasserfall** (*Tipp:* den eigentlichen Wasserfall und einen Blick in den dunklen Kellwasser-Wasserlauf erleben wir aber erst einige Meter weiter, wenn wir den ausgeschilderten Abstecher nach rechts unternehmen) und tauchen nun ein

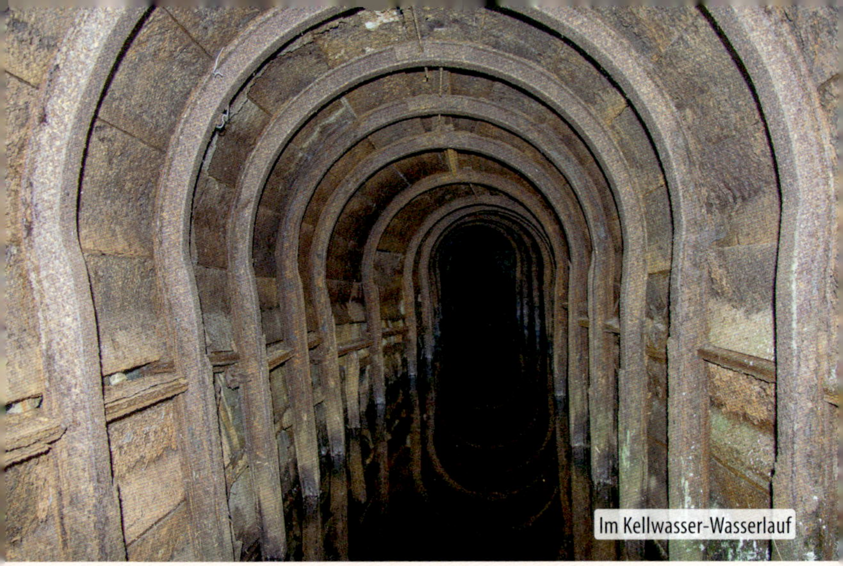

Im Kellwasser-Wasserlauf

in die Welt der **Oberharzer Wasserwirtschaft**. Überlieferte Anlagen und informative Tafeln werden uns im weiteren Verlauf unserer Wanderung mit dem Weltkulturerbe vertraut machen. Über geschotterten breiten Wegen erreichen wir den **Dammgraben**, neben dem wir sehr lange auf ebenem schönen Weg laufen. Wir kreuzen den Wellnerweg und wandern unter einer Stromtrasse hindurch, während das Wasser im Graben Fahrt aufnimmt, um am **Förster-Ludewig-Platz** (Stempelstelle 133 und Schachtkopf-Schutzhütte) in ein kleines Absetzbecken zu „stürzen". Bald müssen wir die Steile-Wand-Straße überqueren, um unseren Weg am Graben entlang fortzusetzen. Wir passieren das Wehr der Kleinen Oker und treffen wenig später auf das Wehr der Großen Oker. Hier steht abermals ein kleines Häuschen und ein Regal mit Holzeimern. Es ist eine Hexen-Stieg-Station, an der uns die schwere Arbeit der Wasserknechte veranschaulicht wird. An der Rose-Wiese schauen wir hinüber auf Altenau und staunen über das Hochhaus und weitere Wohnblöcke.

Der talseitig gemauerte Dammgraben wird immer wieder von Bächen gespeist, nun auch vom Kleinen und vom Großen Gerlachsbach. An der **Eisenquelle**, deren tatsächlich stark eisenhaltiges Wasser die Steine auffallend orange färbt, erleben wir noch einmal beeindruckende wassertechnische Bauten. Eine oberhalb des Weges errichtete Harzklub-Hütte bietet gute Gelegenheit zur Rast. Wir entfernen uns nun vom Dammgraben und hören bereits den Verkehrslärm von der B 498, die wir überqueren. Gegenüber laufen wir auf wurzeligem Pfad parallel zur Forststraße zum **Fieke Märtens Brunnen** mit Rastplatz. Er ist nach einem Altenauer Bürger benannt, der um 1700 lebte. Nun wechseln wir stetig zwischen schönem Pfad und der Forststraße und erreichen nahe der Bundesstra-

ße den **Großen Kolk**, eine wasserwirtschaftliche Anlage zum Schutz des Dammgrabens, und kurz darauf den Sperberhaier Dammgraben. Im Dammhaus (auf der gegenüberliegenden Straßenseite) wird heute der Einkehrende mit Getränken und Speisen verwöhnt.
Der Harzer Hexen-Stieg verläuft direkt auf der Krone des **Sperberhaier Dammes**, wo früher das Wasser kanalisiert wurde. Heute fließt es in Rohren unterirdisch; zur Anschauung haben die Harzwasserwerke einen Teil der Verrohrung wieder geöffnet. Wir laufen den Dammgraben entlang und kommen am Einlauf des Rotenberger Wasserlaufs zu einem Rastplatz. Ein kleines Stück folgen wir dem zugewachsenen Alten Dammgraben, dann halten wir uns links Richtung Polsterberg. Nach einem kurzen Anstieg auf breitem Forstweg queren wir eine Forststraße und wandern auf dem schmalen Schlackenweg weiter durch den ehemals dichten Fichtenwald (Wald im Wandel) bis zur B 242. Hier erblicken wir den Hinweis auf das Polsterberger Hubhaus (Raststätte, Abstecher 800 Meter).
Wir überqueren die Bundesstraße und bewegen uns wieder in den sich erneuernden Wald. Nach etwa 500 Metern abschüssiger Forststraße gelangen wir nach rechts zum **Huttaler Graben**. Parallel zu ihm verläuft nun der sehr bequeme Weg. Nebenher erfahren wir vom ehemaligen Direktor der Harzwasserwerke Dr. Martin Schmidt (Rastplatz), der das Kulturdenkmal Oberharzer Wasserwirtschaft betreute, sowie von einem frühmittelalterlichen Schmelzplatz und einem Drecksumpf und was es damit auf sich hat. Und spätestens an der **Huttaler Widerwaage** wird sicher manch einer erstaunt und anerkennend vor den früheren „Erfindungen" verharren. Dieses scheinbar unspektakuläre Bauwerk ist von genialer Konzeption und zeugt von hoher Ingenieurskunst. Der Begriff „Widerwaage" bedeutet „gegen die Waagerechte". Im Heft der Harzer Wandernadel kann das Stempelfeld 128 gefüllt werden. Nach kurzem Anstieg erreichen wir eine Forststraße und damit einen Höhenrücken, der die Wasserscheide des Einzugsgebietes der Innerste bildet. Für den Bergbau war diese Wasserscheide ein großes Problem. Weniger als einen Kilometer nordwestlich liegt das Zechenhaus Dorothea der ergiebigsten Grube im Oberharz, die von 1709 bis 1864 ununterbrochen reiche Ausbeute lieferte.
Auf der Forststraße geht es nun nach rechts zum Entensumpf, der kurz vor Erreichen der B 242 linker Hand liegt. Der kleine Teich wurde von Bergleuten im 16. Jahrhundert angelegt. Wenige Schritte zuvor führt ein schmaler Pfad nach links direkt zum **Innerstesprung**. Hier entspringt in 605 Metern Höhe die Innerste, die sogleich in den Entensumpf, einer von sechs Staustufen, fließt.
Der Hexen-Stieg verläuft jedoch rechts entlang. Die Ausschilderung geleitet uns zu einer Forststraße. Diese gehen wir ein kurzes Stück nach rechts, bis wir abermals nach rechts auf dem Wurzelpfad zum **Oberen Nassewieser Teich** gelangen, den wir auf dem Damm passieren. Entlang dem

Nassewieser Graben treffen wir auf die Zufahrtsstraße zum Campingplatz Prahljust und zur „Pixhaier Mühle" (hier wäre eine Übernachtung direkt am Hexen-Stieg möglich), gehen auf dieser nach links und halten uns in der Kurve weiter geradeaus auf der Forststraße. Dann zweigt nach links ein steinerner Fahrweg ab, der direkt zum Bärenbrucher Teich führt. Die Etappe ist geschafft.

Informationsstellen

Clausthal-Zellerfeld

Tourist-Information – Urlaubswelt Harz

38678 Clausthal-Zellerfeld, Adolph-Roemer-Straße 20 ☎ 05323/81024
www.oberharz.de ✉ info@oberharz.de

Altenau

Tourist-Information

38707 Altenau, Hüttenstraße 9 (im Kurgastzentrum) ☎ 05328/8020
www.oberharz.de ✉ info@oberharz.de

Torfhaus

Tourist-Information – Harz Welcome Center

38667 Torfhaus, Torfhaus 1 a ☎ 05320/2290450
www.oberharz.de ✉ info@oberharz.de

Nationalpark-Besucherzentrum TorfHaus

38667 Torfhaus, Torfhaus 8 ☎ 05320/331790
www. torfhaus.info ✉ post@torfhaus.info
⏱ April-Okt. tägl. 9-17 Uhr, Nov.-März Di-So 10-16 Uhr, Feiertag/Ferien auch Mo

Einkehren und Übernachten

Buntenbock

- **verschiedene Übernachtungs- und Einkehrmöglichkeiten im Ort**
- **Restaurant und Café Waldhotel „Pixhaier Mühle"** ***www.pixhaier-muehle.de***
  An der Pixhaier Mühle 1, ***Entfernung vom Hexen-Stieg ca. 700 m***
  ⏱ Fr bis So ab 12 Uhr und nach Absprache, ☎ 05323/93800
- **Die Harz-Urlaubs-Alm** ***www.harz-urlaubs-alm.de***
  Am Brink 11, ***Entfernung vom Hexen-Stieg ca. 1 000 m***
  Hotel und Feriendorf, Restaurant mit Außenterrasse und Kaminzimmer
  ⏱ Café täglich 12-16.30 Uhr, Restaurant Fr/Sa/Fei 12-22 Uhr (Reservierung nötig), ☎ 05323/99491-0, ✉ info@harz-urlaubs-alm.de
- **Campingplatz Prahljust** ***www.prahljust.de***
  An den langen Brüchen 4 ☎ 05323/1300 ✉ camping@prahljust.de
- **Restaurant „Harzer Speisekammer"** ***www.harzerspeisekammer.de***
  Mittelweg 13, ☎ 05323/2143 ✉ info@harzerspeisekammer.de

» **Café „Glücksmoment" im Haus Barker** *www.hausbarker.de*
Mittelweg 4, ***Entfernung vom Hexen-Stieg ca. 1 500 m***
⏱ Do 12-18, Fr-So 9.30-18 Uhr, ☎ 0173 6793660 ✉ kontakt@hausbarker.de

Clausthal-Zellerfeld

» **verschiedene Übernachtungs- und Einkehrmöglichkeiten im Ort**
Entfernung vom Hexen-Stieg mindestens 2 100 m
» **Restaurant „Steakhouse" im Hotel „Zellerfelder Hof"**
Marktstraße 13, ***Entfernung vom Hexen-Stieg ca. 4,5 km***
⏱ ab 17.30 Uhr, So auch 12-14 Uhr, Di Ruhetag
☎ 05323/3745 ✉ info@zellerfelder-hof.de *www.zellerfelder-hof.de*

Zwischen Buntenbock und Altenau

» **„Sperberhaier Dammhaus"** *www.sperberhaier-dammhaus.de*
⏱ Mai bis Okt. Mi-So 11-18 Uhr, Nov. bis April Mi-So 11-17 Uhr
☎ 05328/911495 ✉ info@sperberhaier-dammhaus.de
» **„Polsterberger Hubhaus"** *www.polsterberger-hubhaus.harz.de*
Polsterberg 1, Clausthal-Zellerfeld, ***Entfernung vom Hexen-Stieg ca. 800 m***
⏱ Fr-So sowie Feiertage und Brückentage 11-18 Uhr
☎ 05323/5581 ✉ polsterberger-hubhaus@harz.de
» **„Waldcampingplatz Polstertal"** *www.campingplatz-polstertal.de*
☎ 05323/5582, ***Entfernung vom Hexen-Stieg ca. 2 km***

Altenau

» **Zahlreiche Übernachtungs- und Einkehrmöglichkeiten im Ort**
» **Kult- und Hüttenkneipe „Schneewittchen"** *www. schneewittchen-harz.de*
Entfernung vom Hexen-Stieg ca. 700 m, ⏱ Do-Sa11-22 Uhr, So 11-19 Uhr, Mo-Mi Ruhetag ☎ 05328/980211 ✉ vdb-berger@t-online.de
» **Restaurant im Landhotel „Alte Aue"** *www.landhotel-alteaue.de*
Marktstraße 17, ***Entfernung vom Hexen-Stieg ca. 1 800 m***
⏱ Mi-Fr 15-22 Uhr, Sa-Di 17-22 Uhr, Sa/So auch 12-15 Uhr
☎ 05328/98010 ✉ info@landhotel-alteaue.de

Torfhaus

» **Hütte des Harzklub-Zweigvereins Hannover** *www.harzklub-hannover.de*
auch Zelten möglich, ⚠ nur nach Anmeldung ✉ info@harzklub-hannover.de
» **Schullandheim Torfhaus** *www.landheime.de*
☎ 05320/216 ✉ schullandheim.torfhaus@region-hannover.de
» **TORFHAUS HARZRESORT** *www.torfhaus-harzresort.de*
Ferienhäuser und Hotel ☎ 05320/22900 ✉ info@torfhaus-harzresort.de
» **„Wiener Wald Torfhaus"** *torfhaus.wienerwald.de*
Entfernung vom Hexen-Stieg ca. 100 m, ⏱ So-Do 12-21 Uhr, Fr/Sa 12-22 Uhr, täglich Frühstück ☎ 05320/2319999 ✉ info@torfhaus.wienerwald.de

Auf zum Brockengipfel

Gewandert wird unter anderem auf der Route, die Goethe bei seiner Brocken-Besteigung im Jahr 1777 in etwa nutzte. Der Weg führt ausschließlich durch den Nationalpark Harz. Auf dieser Etappe ergeben sich insbesondere aufgrund der alpinen Vegetation im Bereich der Brockenkuppe – die natürliche Baumgrenze liegt hier bereits bei 1 000 Höhenmetern – fantastische Fernblicke nach Wernigerode, nach Torfhaus und auf die Harzhochfläche.

20,7 km 136, 9, 22, 13, 17, 174

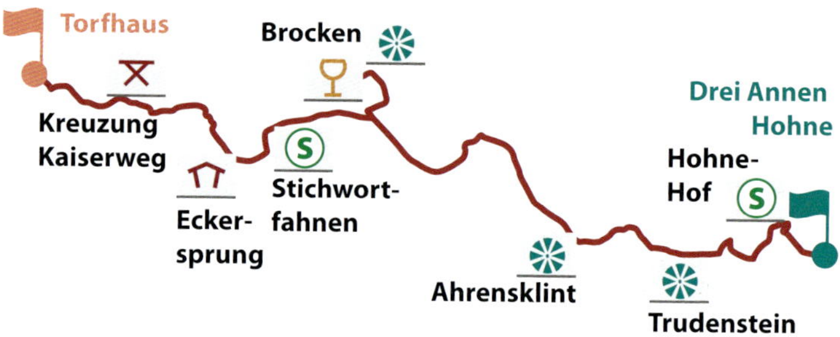

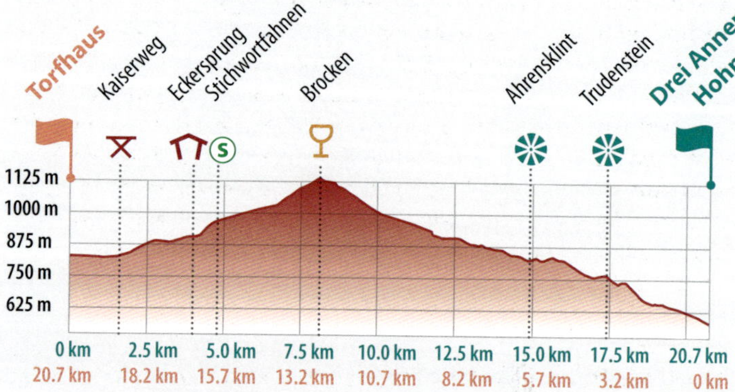

i Wissenswertes

Torfhaus

Mit 812 m über NN gilt Torfhaus heute als höchstgelegene menschliche Siedlung des Harzes. Der Name hat sich ab 1713 durchgesetzt, als hier die Torfstecher-Unterkunft „Borkenkrug" errichtet wurde. Wenig später entstand der erste Torfschuppen zum Trocknen des neuen Energielieferanten. Bis 1786 wurde rings um den Brocken Torf in größerem Stil abgebaut, um ihn als Ersatz für das immer knapper werdende Holz in Köhlereien weiterzuverarbeiten. Wegen Unwirtschaftlichkeit ließ man davon schließlich wieder ab, was die Moore bis heute rettete.
Bekannt wurde das Torfhaus, nachdem Goethe mit dem Torfhausförster Degen am 10. Dezember 1777 von hier aus zu der ersten Brockenbesteigung im Winter aufbrach. Die Route, die Goethe ungefähr zum Gipfel wählte und die auch wir nutzen, heißt heute „Goetheweg".

Nationalpark Harz

Das Motto des Nationalparks lautet: „Natur Natur sein lassen". Menschliche Nutzungen sollen mittelfristig auf ein Mindestmaß reduziert werden. Für den Umgang des Menschen mit der Natur sollen sich dadurch neue Perspektiven eröffnen. Der Nationalpark Harz hat eine Größe von 24 703 Hektar, hervorgegangen im Jahre 2005 aus der Fusion des sachsen-anhaltischen Nationalparks Hochharz (1990 noch durch die DDR-Volkskammer ins Leben gerufen) und dem 1994 gegründeten niedersächsischen Park.

Großes Torfhausmoor

Das Große Torfhausmoor gehört zu den größten und eindrucksvollsten Vermoorungen des Harzes. Kein anderes Harzmoor ist so eben. Nur wer genau hinschaut, erkennt die typische, leicht uhrglasförmige Wölbung des Hochmoorkörpers. Ein Hochmoor erhält seine Nährstoffe ausschließlich über Regenwasser und Nebel, es hat keine Zuflüsse.
An feuchten Stellen wächst das Moor weiter in die Höhe. Die wichtigste Rolle spielen dabei die Torfmoose. In dem Maße, wie sie im unteren Teil absterben, wachsen sie nach oben weiter – aber nur bis zu einem Millimeter im Jahr! Die abgestorbenen Torfmoosteile werden im Moor nicht abgebaut, sondern zu Torf umgewandelt. Die Torfbildung im Großen Torfhausmoor begann wohl schon um 8000 vor Christus. Heute ist die Torfdecke fünf bis sechs Meter mächtig.

Kaiserweg

Der Kaiserweg bildet eine historische harzquerende Verbindung zwischen dem Kloster Walkenried im Süden und der Harzburg im Norden.

Auf diesem Weg soll Kaiser Heinrich IV. vor einem aufständischen sächsischen Heer geflohen sein. Der Name Kaiserweg stammt aber erst aus dem 19. Jahrhundert.

Quitschenberg

Wie vielerorts im Nationalpark hat der Borkenkäfer im Gebiet des Quitschenberges den Fichtenwald weitgehend vernichtet. Die großen Fichtenbestände im Oberharz gingen meist noch auf die Bergbauperiode zurück, in der das schnell wachsende Nadelholz als Werkstoff benötigt wurde. Für weite Teile des Harzes sind sie nicht naturgemäß. Quitsche ist der Harzer Name für die Eberesche und deutet wohl an, dass hier Ebereschen und Bergfichten als Mischbestand wuchsen. Die Nationalpark-Verantwortlichen setzen auf die Selbstheilung der Natur und hoffen, dass nun ein standortgerechter gesünderer Wald heranwächst.

Rastplatz am Eckersprung

Die große Wegekreuzung dicht an der Ecker-Quelle liegt auf der Wasserscheide zwischen Weser und Elbe. Keine 500 Meter südlich entspringt die Kalte Bode. Die Ecker fließt über Oker und Aller zur Weser, die Kalte Bode fließt hingegen über die Saale in die Elbe. Einst verlief hier die Grenze zwischen dem Kurfürstentum Hannover und der Grafschaft Wernigerode. Heute grenzen die Bundesländer Niedersachsen und Sachsen-Anhalt aneinander, während des Kalten Krieges zerschnitt in dem Gebiet der Eiserne Vorhang Europa. Von den grenzsichernden Befestigungen aus DDR-Zeiten ist nichts mehr zu sehen. Ein Modell der Grenzanlagen kann man in der Ausstellung im Brockenhaus besichtigen.

Der Brocken

Der Brocken ist der windreichste Ort Deutschlands. Es wurden schon Windgeschwindigkeiten von mehr als 260 km/h gemessen. Die Jahresdurchschnittstemperatur beträgt 2,9 Grad Celsius, die Niederschlagsmenge jährlich 1600 bis 1800 Millimeter und es werden 306 Nebeltage gezählt, also Tage, an denen Nebel aufkommt. Die klimatischen Verhältnisse und die ökologischen Bedingungen auf dem mit 1141 Metern höchsten Berg Norddeutschlands sind vergleichbar mit denen in etwa 2000 Meter Höhe in den Alpen. Die exponierte Lage des Brockens – hier treffen die atlantischen Strömungen erstmalig auf ein Höhenhindernis – lässt die feuchten Luftmassen am Westhang des Berges abregnen.

Das 1736 errichtete **Wolkenhäuschen** diente viele Jahrzehnte den Brocken-Wanderern als einziger Unterschlupf. Erst 1800 eröffnete das erste Wirtshaus auf dem Gipfel. Der zur selben Zeit erbaute Aussichtsturm wurde mehrfach umgestaltet und schließlich neu errichtet, während aus dem Wirtshaus das Brockenhotel hervorging. Es wurde jedoch am 17. Ap-

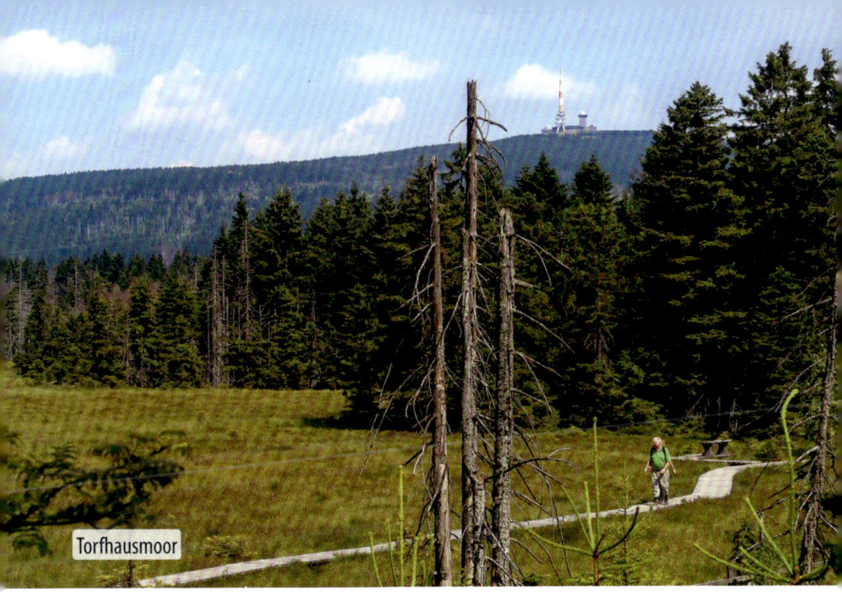

Torfhausmoor

ril 1945 bei einem Luftangriff zerstört. Auf dem Brocken stehen die älteste Wetterstation Deutschlands (erbaut 1895) und der erste deutsche Fernsehturm (erbaut 1938). In DDR-Zeiten entstanden auf dem Brocken vorwiegend militärisch oder von der Stasi genutzte Neubauten, eine 3,60 Meter hohe Betonmauer rings um die Brockenkuppe sowie Wege und Kasernenflächen mit Kalkschotterbelag.

In einer zu einem modernen Museum umgebauten Radarkuppel hält das **Brockenhaus** viel Wissenswertes zu Geschichte, Mystik und Natur des Berges bereit, unter anderem mit einer Multimediaschau und zahlreichen Originalschaustücken. Für Besichtigung und Rast sollte man auf seiner Wander-Tour unbedingt ein wenig Zeit einplanen. Ein 1,6 Kilometer langer **Rundweg** führt um den Brockengipfel. *Tipp:* Ranger bieten täglich um 12.15 Uhr eine ca. einstündige Rundweg-Führung an (Mai bis Oktober ab Rangertreff Sommer oberhalb des Bahnhofs, November bis April ab Rangertreff Winter am Eingang des Brockenhauses). Besonders markant sind zwei Granitklippen: die Teufelskanzel und der Hexenaltar. Goethe erwähnte sie in der Walpurgisnachtszene in seinem „Faust". Auf den Klippen wachsen die schützenswerten, bunten Landkartenflechten (Rhizocarpon alpicola).

Die „**Brockenuhr**" von 1997 mit den in den Boden eingelassenen Wegweisern und Entfernungsangaben in alle Himmelsrichtungen markiert die höchste Stelle auf der Brockenkuppe. Der aufgestellte Gipfelstein trägt die Aufschrift „Brocken 1 142 m", obwohl der Berg nur 1 141,2 Meter hoch ist. Diese Tafel markiert mit einer Linie die über viele Jahrzehnte fälschlicherweise publizierte Höhe.

Auch der **Brockengarten** ist einzigartig. Durch den Wind sind die Pflanzen alle sehr klein und gedeihen oft nur im Schutz eines Felsbrockens. Trotzdem blühen sie in den intensivsten Farben. Zu sehen sind insgesamt 1800 zum Teil streng geschützte Arten von Edelweiß über Enzian bis zur legendären Brockenanemone. Führungen finden zwischen Mitte Mai und Mitte Oktober montags bis freitags 11.30 und 14 Uhr statt (ab Rangertreff oberhalb des Bahnhofs). *Tipp:* An Wochenenden und Feiertagen lässt sich der Besuch des Brockengartens mit der um 12.15 Uhr beginnenden Ranger-Führung kombinieren (S. 29).

Brockenbahn

Die meist dampflokbespannten Züge der Brockenbahn fahren seit 1899 hinauf auf Deutschlands höchstgelegenen Bahnhof einer sogenannten Adhäsionsbahn, die also ohne technische Hilfsmittel wie Zahnradantrieb u. ä. auskommt. Auf 1000 Millimeter schmaler Spur schleppen sich die nach Fahrplan verkehrenden Züge 16 Kilometer bergauf, um die 588 Meter Höhenunterschied von Drei Annen Hohne zum Brockenbahnhof zu überwinden. Seit September 1991 sind die Dampfzüge zum jahrzehntelang gesperrten höchsten Harzgipel wieder eine Touristenattraktion.

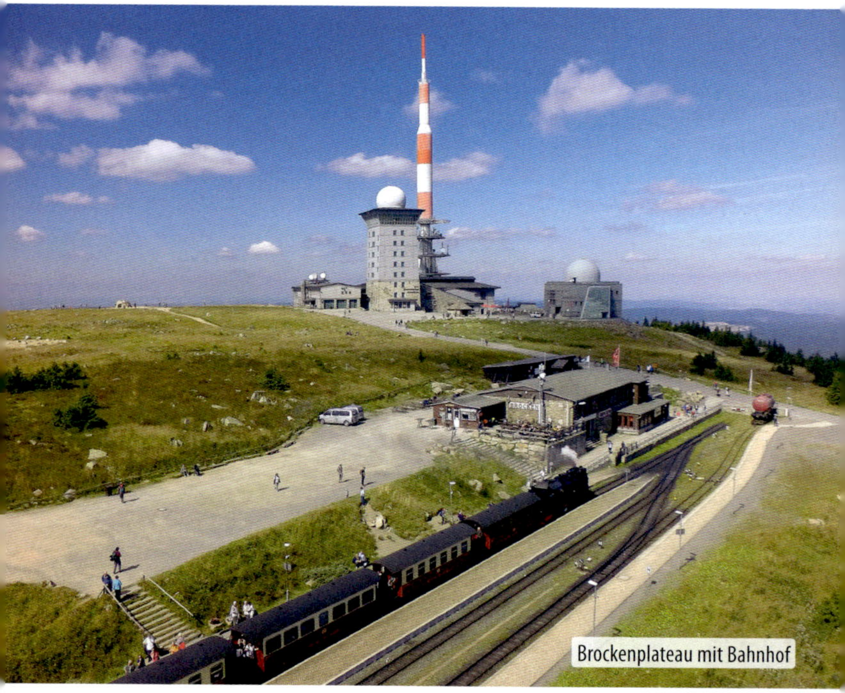

Brockenplateau mit Bahnhof

Von Torfhaus nach Drei Annen Hohne

Wir starten an der B 4 in **Torfhaus** mit herrlichem Blick zum Brocken. Der Harzer Hexen-Stieg wendet sich parallel zur Straße nach Süden, am „Torfhaus Harzresort" vorüber. Nach 300 Metern biegt links eine Stichstraße ein, an der Schullandheime, Ski- und Wanderhütten liegen (Übernachtungen möglich, S. 25). Wir wandern jedoch auf dem Pfad zum Abbegraben, wo sich der Harzer Hexen-Stieg teilt, und nehmen die Route nach links. Auf dem Goetheweg sehen wir schon bald links die Fläche des **Großen Torfhausmoores**, auch Radaubornmoor genannt. *Tipp:* Am Rand des Moores ist ein Bohlenweg eingerichtet. Es lohnt sich, ihn zu benutzen. Hinter dem Moor erhebt sich der Brockengipfel.

Am Ende des Bohlenweges stoßen wir wieder auf den Goetheweg und mit ihm auf den Harzer Hexen-Stieg. Rechts neben uns fließt der 1827 gebaute Abbegraben, der dem Dammgraben Wasser zuführt und zur Oberharzer Wasserwirtschaft gehört. Wir kreuzen den **Kaiserweg** und gelangen über den **Quitschenberg** zum **Rastplatz Eckersprung**, nahe der Eckerquelle. Hier befindet sich auch die Stempelstelle 136.

Nach der Rast am Eckersprung stoßen wir auf Betonplatten, über die der Harzer Hexen-Stieg steil ansteigt. Sie markieren Reste des Kolonnenweges, der auf DDR-Gebiet zur Grenzsicherung diente. Vor uns liegen die „Hirschhörner" genannten Granitfelsen, die den Zügen der Harzer Schmalspurbahnen einen romantischen Hintergrund bieten. Wenn wir uns zurückwenden, haben wir eine schöne Aussicht nach Westen, zum Torfhaus, weiter südlich zum lang gestreckten Höhenrücken des Ackers und nordwestlich zum Dietrichsberg. An der Stelle, an der wir die Gleise der **Brockenbahn** erreichen, erwartet uns am ehemaligen Haltepunkt Goetheweg die Hexen-Stieg-Station „Stichwortfahnen". Vor dem zweiten Weltkrieg hielten hier die Züge der Brockenbahn.

Der Goetheweg verläuft entlang dem Goethemoor parallel zu den Gleisen. Wir gelangen zur Brockenstraße und wenden uns nach links. Nach wenigen Metern beschreibt die Brockenstraße eine scharfe Kurve nach rechts, die Stelle wird „Knochenbrecher" genannt. Nach kurzem Anstieg passieren wir die natürliche Baumgrenze; sie liegt hier klimabedingt bei knapp 1100 Metern. Vor allem der Wind setzt den Bäumen zu. Kurz darauf erreichen wir den Gipfel des **Brockens** mit mehreren gastronomischen Angeboten und der Stempelstelle 9 hinter dem Nationalpark-Besucherzentrum Brockenhaus.

Auf der Brockenstraße steigen wir ab, nehmen also zunächst denselben Weg wie beim Aufstieg. Wir biegen aber nicht in den Goetheweg ein, sondern folgen der Brockenstraße weiter über die Gleise der Schmalspurbahn hinweg. *Tipp:* Der **Nationalpark Harz** informiert an mehreren The-

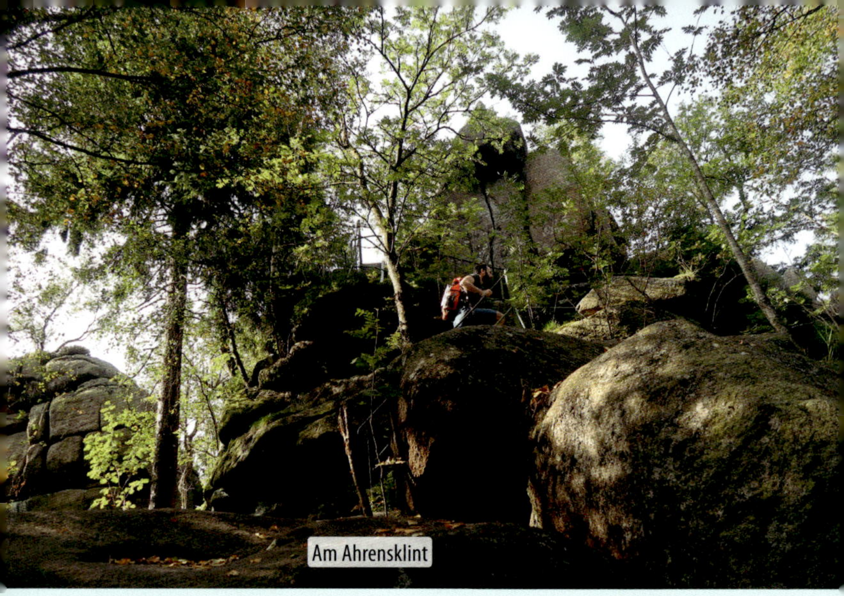
Am Ahrensklint

meninseln über die aktuelle Waldentwicklung im Schutzgebiet, denn hier befinden sich die Wälder derzeit im Wandel von Wirtschaftswäldern zur neuen Wildnis. Wir verlassen die Brockenstraße an der Kreuzung nördlich des „Brockenbetts“ (Stempelstelle 22) und wandern auf dem Glashüttenweg weiter, einem Hangweg oberhalb Schierkes. *Tipp:* Sehr empfohlen sei der Abstecher zum Ahrensklint. Dies ist eine typische Granitklippe, die als Härtling bei der Verwitterung des Granits stehen geblieben ist. Über Stahlleitern kann sie erklommen werden, und man hat einen schönen Blick ins Elendstal. Stempelsammler finden hier die Nummer 13 vor.
Der Hexen-Stieg führt weiter um den Erdbeerkopf herum zur Wormke. Von dem Bach zweigt hier der Wormkegraben ab, der älteste künstliche Graben im ganzen Harz. Der Weg begleitet zunächst den Graben. Der Trudenstein, eine kleinere Granitklippe, auf die ein paar Stahlstufen zu einer schönen Aussicht führen, liegt hangseitig am Weg. Hier findet man auch „Nahrung“ fürs Stempelheft: die Nummer 17. Nachdem der Wormkegraben unseren Weg gekreuzt hat, gehen wir links zum Natur-Erlebniszentrum HohneHof. Ranger informieren über den Nationalpark sowie die Bergwildnis und im gemütlichen Café bietet sich eine Rast an. Vor dem Eingang wartet ein Stempelkasten mit der Nummer 174. Außerdem bietet eine Hexen-Stieg-Station vielfältige Möglichkeiten zum spielenden Lernen. *Tipp:* Kleine und große Entdecker können nun anstelle der Forststraße nach Drei Annen Hohne den **Löwenzahnpfad** mit seinen Wissensstationen einschlagen. Wir kommen zum großen Parkplatz und dem Bahnhof der Harzer Schmalspurbahnen, der die Harzquerbahn (Wernigerode – Nordhausen) mit der Brockenbahn verbindet.

Von Drei Annen Hohne nach Torfhaus

Von Drei Annen Hohne wandern wir auf der Forststraße zum Natur-Erlebniszentrum HohneHof mit kleinem Café. *Tipp:* Kleine und große Entdecker können anstelle der Forststraße auch den **Löwenzahnpfad** mit seinen Wissensstationen einschlagen. Im HohneHof informieren Ranger über den Nationalpark und die Bergwildnis. Vor dem Eingang wartet ein Stempelkasten mit der Nummer 174. Vielfältige Möglichkeiten zum spielenden Lernen bietet außerdem eine weitere Hexen-Stieg-Station.
Hinter dem HohneHof biegen wir auf den Kirchstieg. Eine steile Forststraße bringt uns nach rechts zunächst auf einer Brücke über den Wormkegraben, dem ältesten künstlichen Graben im ganzen Harz, und anschließend den Berg hinauf. Dann geht es auf breiten Schotterpisten zum Trudenstein, einer kleinen Granitklippe, an deren Fuß sich die Stempelstelle 17 befindet. Ein paar Stahlstufen führen hinauf zu einer schönen Aussicht. Auf dem Weg wandern wir weiter bis zur Spinne. *Tipp:* Wer die Natur des Nationalparks noch intensiver erfahren möchte, wählt am Trudenstein den wurzeligen, steilen Pfad über Bärenklippe und Moorstieg zur Spinne. Der Hexen-Stieg führt dann um den Erdbeerkopf zunächst über ausgewaschenes, loses Geröll, später auf Waldboden mit Felsbrocken und Wurzeln. Wir mogeln uns an teils tiefen Schlammlöchern vorbei. *Tipp:* Es lohnt eine kleine Abstecherrunde zum Ahrensklint. Dies ist eine typische Granitklippe, die als Härtling bei der Verwitterung des Granits stehengebblieben ist. Über Stahlleitern kann sie erklommen werden. um ins Elendstal zu schauen. Stempelsammler finden hier die Nummer 13 vor.
Auf dem breiten Glashüttenweg gelangen wir bis zur geteerten Brockenstraße, auf der wir die restlichen vier Kilometer bis zum Gipfel zurücklegen. Dabei kommen wir gleich am Stempelkasten Nummer 22 vorbei. Außerdem eröffnen sich unterwegs reizvolle Fernsichten. *Tipp:* An mehreren **Themeninseln** informiert der **Nationalpark Harz** über den derzeitigen Wandel der einstigen Wirtschaftswälder zur neuen Wildnis.
Mit den von uns zurückgelegten Höhenmetern ändert sich auch die Vegetation, die schließlich alpinen Charakter zeigt. Die natürliche Baumgrenze liegt hier klimabedingt bei knapp 1100 Metern. Vor allem der Wind setzt den Bäumen zu. Wir erreichen die Baumgrenze nachdem wir die Gleise der **Brockenbahn** gequert und die scharfe Rechtskurve namens „Knochenbrecher" passiert haben. Empfehlenswert auf dem **Brocken** ist der Rundwanderweg um die Kuppe. Mehrere gastronomische Angebote verführen zur Rast und am **Brockenhaus** (Nationalpark-Besucherzentrum, Museum) befindet sich der Wanderstempel 9.
Wir steigen wieder auf der Brockenstraße ab, biegen jedoch nun hinter der Knochenbrecherkurve nach rechts ein auf den Goetheweg mit seinen

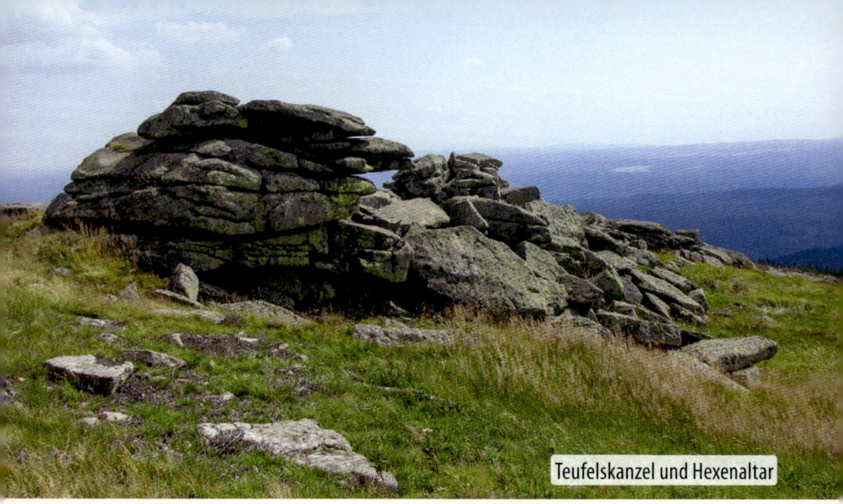

Teufelskanzel und Hexenaltar

Fernsichten – in Richtung Westen, zum **Torfhaus**, weiter südlich zum lang gestreckten Höhenrücken des Ackers und nordwestlich zum Dietrichsberg. Wir begleiten die Gleise der Brockenbahn. Am ehemaligen Haltepunkt Goetheweg, der vor dem zweiten Weltkrieg noch das Ein- und Aussteigen ermöglichte, treffen wir auf die Hexen-Stieg-Station „Stichwortfahnen". Dann geht es steil nach rechts auf Betonplatten den Berg hinab. Der alte Kolonnenweg wurde einst von den DDR-Grenztruppen genutzt. Nun zweigen wir mit dem Goetheweg nach rechts ab. Achtung: Der eigentlich recht breite Weg in den Wald hinein kann schnell übersehen werden. Die **Schutzhütte am Eckersprung** lädt zur Rast ein. Hier befindet sich auch die Stempelstelle 136.

Anschließend setzen wir unseren Weg über den **Quitschenberg** fort. Wir kreuzen den **Kaiserweg** und begleiten bis Torfhaus den 1827 erbauten Abbegraben, der dem Dammgraben Wasser zuführt und zur Oberharzer Wasserwirtschaft gehört. *Tipp:* Kurz vor unserem Etappenziel kann wahlweise der Bohlenweg durch das **Große Torfhausmoor**, auch Radaubornmoor genannt, eingeschlagen werden.

Informationsstellen

Brocken

Nationalpark-Besucherzentrum Brockenhaus

Ausstellung und Caféteria „Hexenflug" ⏱ tägl. 9.30-17 Uhr, 24.12. geschlossen
✆ 039455/50005 ✉ brockenhaus@t-online.de
www.brockenhaus-harz.de

Harzer Schmalspurbahnen GmbH

38855 Wernigerode, Friedrichstraße 151 ✆ 03943/558-0
www.hsb-wr.de ✉ info@hsb-wr.de

Schierke

Tourist-Information Schierke

38879 Wernigerode OT Schierke, Brockenstraße 7 a ✆ 039455/8680
www.schierke-am-brocken.de ✉ info@schierke-am-brocken.de

Einkehren und Übernachten

Torfhaus

» **siehe Seite 25**

Brocken

» **diverse Gastronomie im Touristensaal und im Bahnhof**

» **„Brocken Mountain Lodge"** *www.timberjacks.com/brocken*
Nach Umbau- und Erweiterungsarbeiten vorauss. Eröffnung Ende 2027
Während der Umbauphase werden Speisen und Getränke angeboten.

» **„Zum Brockenwirt"** am Bahnhof *www.derbrockenwirt.de*
⏱ Sommer 9-18 Uhr, Winter 9-17 Uhr (⚠ abhängig vom Zugverkehr der HSB)
✆ 039455/268 ✉ info@brockenwirt.de

Schierke

» **verschiedene Übernachtungs- und Einkehrmöglichkeiten im Ort**
Entfernung vom Hexen-Stieg mindestens 1 700 m

» **Schierke Harzresort** *www.schierke-harzresort.de*
mit **Restaurant „Luis"** ⏱ täglich von 12 bis 22 Uhr
Alte Dorfstraße 1 ✆ 039455/ 825550 ✉ info@schierke-harzresort.de

» **„Harz Mountain Camp am Schierker Stern"** *www.harz-camping.com*
Am Stern 1, ✆ 039455/58817, ***Entfernung vom Hexen-Stieg ca. 2,2 km***

Drei Annen Hohne

» **Natur-Erlebniszentrum HohneHof** *www.nationalpark-harz.de*
mit Caféteria ⏱ täglich 10-17 Uhr, 24.12. geschlossen
✆ 039455/8640 ✉ hohnehof@npharz.de

» **Hotel und Restaurant „Der Kräuterhof"** *www.hotel-kraeuterhof.de*
✆ 039455/840 ✉ rezeption@hotel-kraeuterhof.de
⏱ täglich 12.30-20.30 Uhr, Fr/Sa bis 21 Uhr

» **Kukkis Erbsensuppe** am Parkplatz Drei Annen Hohne *www.kukki.de*

Zwischen Torfhaus und Königshütte

Alternative: **Brocken-Umgehung**

Wer den Brocken bereits gut kennt, freut sich wohl über diese alternative Route, die zwar länger als der eigentliche Aufstieg ist, jedoch reizvollere Wege bietet. Die Etappe führt über den Oderteich, dessen Staumauer als die älteste Deutschlands gilt, passiert St. Andreasberg sowie Braunlage und stößt nahe Königshütte wieder auf die Hauptroute.

|⟷| **36,7 km** 217, 155, 123, 148

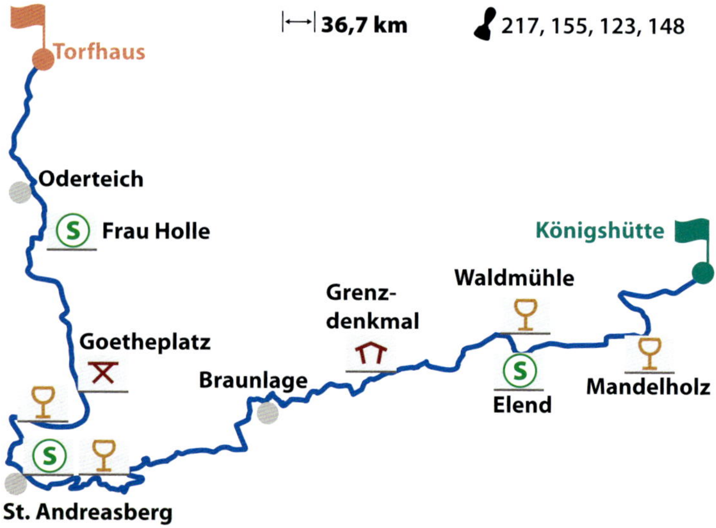

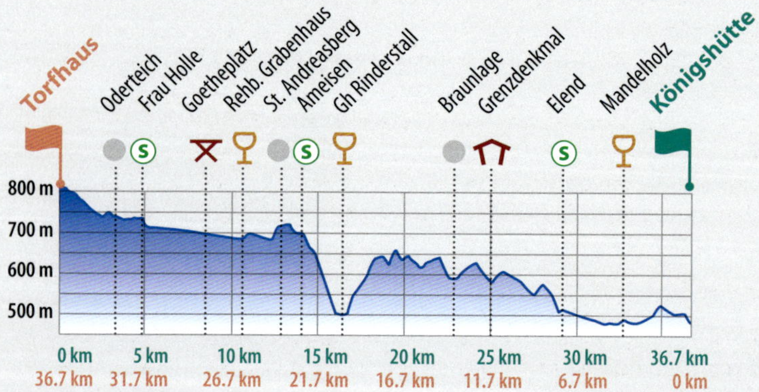

i Wissenswertes

Oderteich

Der Oderteich gilt als die älteste Talsperre Deutschlands und war 170 Jahre lang (1722 bis 1891) auch dessen größte mit dem höchsten Staudamm. Als Baumaterial gab es hier nur Granitblöcke und Quarzsand, keine Rasensoden und Erde, aus denen die meisten anderen Teichdämme im Oberharz bestehen. So bilden riesige Granitblöcke ein Zyklopenmauerwerk, das durch Quarzsand abgedichtet ist. Diese urige Staumauer stellt eine einmalige Meisterleistung und eine der herausragenden Sehenswürdigkeiten der Oberharzer Wasserwirtschaft dar. Schon 1740 urteilte der Oberbergmeister Harzig über den Damm: „Er ist ohne allen Zweifel der standhaftigste, so jemals gebaut oder künftig gebaut werden könnte, weil sich selten solche Gelegenheiten und Materialien beieinander finden."

Rehberger Graben

Der Bau des (neuen) Rehberger Grabens von 1699 bis 1703 war der schwierigste Grabenbau des Oberharzes. Direkt aus dem Granit gehauen und gesprengt, musste über Strecken ein Grabenprofil mühsam aus den Granitblöcken am Hang gesetzt und abgedichtet werden. Im April, bevor es zu Grünen beginnt, sind die hier erbrachten Bauleistungen besonders gut zu erkennen. Zusammen mit dem Oderteich diente der 7,25 Kilometer lange Rehberger Graben der Wasserversorgung des Bergbaus in St. Andreasberg. Noch bis 1910 wurde sein Wasser aus dem Einzugsgebiet des Brockens zum Betrieb der zahlreichen bergbaulichen Anlagen genutzt und treibt sogar heute noch sechs kleine Wasserkraftwerke an.

Goetheplatz

Hier soll Goethe 1783 während seiner zweiten Harzreise den Hornfels über dem Granit als umkristallisiertes Gestein erkannt haben. Auf einer Sitzgruppe lässt sich darüber trefflich nachdenken. An dieser Stelle sind an der Felswand auch Reste des alten Rehberger Grabens (1602 bis 1604 errichtet) zu erkennen, der weitgehend in hölzernen Gefludern auf Felsbänken gebaut wurde. Da er intensiv gewartet werden musste, im Sommer oft trocken und im Winter zugefroren war, ersetzte man ihn einhundert Jahre später durch den neuen Rehberger Graben (🔍 oben).

St. Andreasberg

Der Erzabbau erfolgte in der Gegend schon im 13. Jahrhundert sehr intensiv, nachgewiesen ist seit 1487 der Silberbergbau. 1565 erhielt die Stadt die Bergfreiheit. Ein Besuch von St. Andreasberg lohnt insbesondere, um die Anlagen der Grube Samson, in die Goethe 1777 einfuhr, zu besichtigen. Das einmalige Kanarienvogelmuseum macht mit dem „Harzer Roller" bekannt. Er war ein wichtiger Begleiter der Bergleute unter Tage, als es noch keine Messgeräte für „böse Wetter", also für giftige Gase in der Atemluft, gab. Die „Erzwäsche", ebenfalls ein bergbauliches Relikt gleich gegenüber der Grube Samson, beherbergt heute ein Nationalparkhaus.

Braunlage

Bereits um 1200 existierte eine Ansiedlung um ein Hüttenwerk, in dem Eisenerz geschmolzen wurde. Nachdem Ende des 18. Jahrhunderts die Vorkommen aufgebraucht waren, entwickelte sich Braunlage zu einem überregional bekannten Kurort. 1882 öffnete die erste medizinische Badeanstalt, 1883 begann Braunlages Ära als Wintersportzentrum und 1892 gründete sich hier der erste Skiklub Deutschlands. Braunlage ist ebenso wie St. Andreasberg eine Wintersporthochburg im Harz.

Elend

Dieser Ort soll seinen Namen von den Elendskapellen haben, die die Klöster entlang dem Weg angelegt hatten. In diesem Fall wäre an das Kloster in Ilsenburg zu denken. Urkundlich belegt ist, dass hier, an der Kalten Bode, zuerst eine Sägemühle klapperte und später ein Hochofen zur Eisenerzverhüttung stand. Im Zentrum des Orts erhebt sich eine holzverkleidete Fachwerkkirche – die kleinste Holzkirche Deutschlands.

Wegbeschreibung nach Thale

Von Torfhaus nach Königshütte

Von Altenau sind wir zum Torfhaus heraufgekommen, überqueren die B 4, wenden uns nach rechts und gehen etwa 300 Meter. Zwischen den Häusern verläuft der Pfad zum Abbegraben, wo sich der Hexen-Stieg teilt. Die Alternative führt nun nach rechts und über die B 4 auf den **Märchenweg**. Wir durchwandern einen Wald im Wandel, teilweise durchsetzt mit moorigen Inseln. Dabei queren wir den Flörichshaier Graben, der dem Dammgraben Wasser aus dem Einzugsgebiet der Oder zuleitet. Bald begleitet uns rechter Hand der Rotenbeek, ein wichtiger Zufluss zum **Oderteich**. Von rechts mündet ein Pfad in den Hexen-Stieg und kurz darauf treffen wir auf die Stempelstelle 217. Die Wasserfläche des Oderteichs schimmert bereits durch die Bäume. *Tipp:* Der Wanderweg ▲ führt nach Oderbrück (1,2 Kilometer) mit Wanderheimen (✆ 05520/2162) und dem Hostel „The Cabin" (✆ 0152-29566967).

Auf einem vom Nationalpark angelegten Bohlensteg wandern wir am östlichen Ufer des Oderteichs. Kurz vor dem Damm erwartet uns die Hexen-Stieg-Station Frau Holle. Der Harzer Hexen-Stieg verläuft auf der

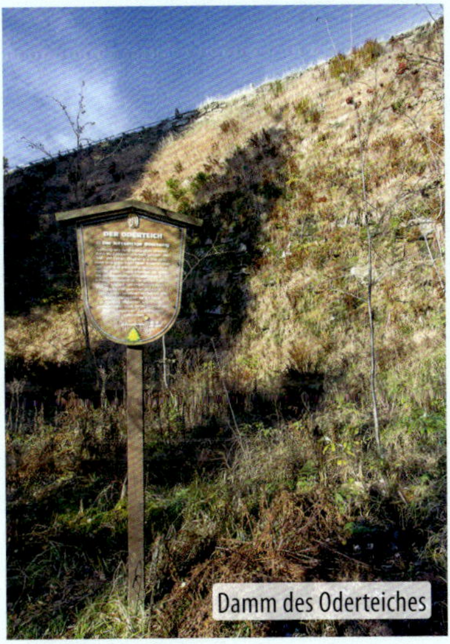
Damm des Oderteiches

Dammkrone. *Tipp:* Um die Luftseite der Staumauer von unten zu besichtigen, überqueren wir an der Ostseite des Damms die Straße und folgen dem sehr gut ausgeschilderten WasserWanderWeg. Er führt uns hinunter zum Fuß der etwa 20 Meter hohen Staumauer und gestattet einen Blick auf die gewaltigen Granitblöcke, die hier verbaut worden sind. Wir gelangen auf der Schotterstraße direkt auf den Rehberger Grabenweg und damit zum Harzer Hexen-Stieg zurück. Der **Rehberger Graben** selbst begleitet unseren Weg aber erst nach gut 300 Metern. Der Graben unterquert von links kommend unseren Weg und ist zunächst noch ein gutes Stück „abgedeckelt". Zwischen den Deckplatten sind Löcher. Um mit dem Fuß nicht in ein solches Loch zu rutschen, sollte man die Platten nicht betreten. Nach 150 Metern befindet sich rechter Hand ein Steinbruch, aus dem die Granitblöcke zum Bau von Grabenbrust und Teichdamm stammen.

Wir passieren den Rastplatz am **Goetheplatz** und gelangen zum Rehberger Grabenhaus. In der heutigen Gaststätte hatte ehemals der Grabensteiger Residenzpflicht. Er hatte Tag und Nacht darauf zu achten, dass am Graben keine Schäden entstanden. Etwa 500 Meter weiter verschwindet das Wasser des Rehberger Grabens in einem Stollen, dem Geseher Wasserlauf. Am Grabenhaus können wir unsere Stempelsammlung um die Nummer 155 erweitern.

Der Harzer Hexen-Stieg folgt dem Hauptwanderweg 16 E auf die Jordanshöhe. Hier befinden wir uns mitten in dem Gebiet des Wiesenschutzprogramms zur Erhaltung der historischen Weideflächen und ihrer besonderen Flora. **St. Andreasberg** feiert jedes Jahr im Juni das Wiesenblütenfest. Am Hochbehälter genießen wir den herrlichen Blick über die Wiesen nach Andreasberg. Dann biegen wir nach links ins Odertal ab und passieren nach einem kurzen Stück eine Hexen-Stieg-Station mit hölzernen Ameisen, die auf die Bedeutung dieser Waldbewohner aufmerksam macht. Wir verlassen die Forststraße in einer Linkskurve und steigen steil auf einem anspruchsvollen, mit Wurzeln und teils losem Geröll übersäten Weg hinab. Das hier noch weitgehend unberührte Tal bewahrt bis heute seine ganze Schönheit. Nachdem wir am Talgrund die Oder überquert ha-

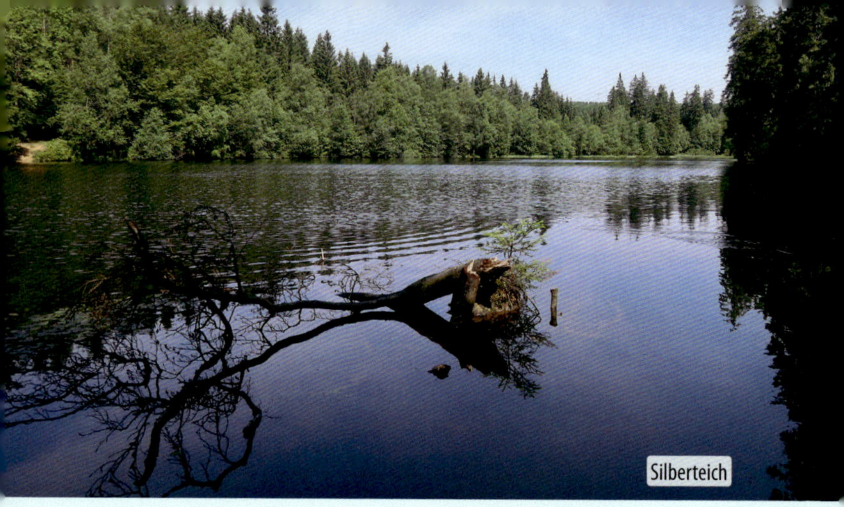

Silberteich

ben, sind wir am Rinderstall, heute eine Gaststätte. Früher wurden an diesem Ort die Rinder zur Waldweide zusammengeführt. Stempelsammler finden den Kasten mit der Nummer 123 vor.

Auf dem alten Andreasberger Stieg zwischen St. Andreasberg und Braunlage steigen wir 125 Meter aus dem Odertal hinauf und genießen dabei mehrere Fernblicke. Es ist der steilste Anstieg auf dieser Etappe. Oben angelangt, können wir am **Silberteich** verschnaufen, wo auch Stempel Nummer 148 auf uns wartet. 300 Meter weiter kreuzen wir den **Kaiserweg**, der den Harz von Nord nach Süd durchquert. Hier verläuft die Wasserscheide zwischen der Oder und der Warmen Bode. Durch einen Tunnel unterqueren wir die viel befahrene Bundesstraße 4 und sehen **Braunlage** vor uns.

Vor dem Sportplatz biegen wir nach links in den Braunlager Rundweg ▲ ein und folgen ihm über die Skiwiese mit schönem Blick auf Braunlage bis zur Harzburger Straße. Wir wandern auf dem Rundweg weiter über den Großparkplatz an der Talstation der Wurmbergseilbahn (Einkehrmöglichkeit) bis zur **Verlobungswiese**. Der Hügel rechter Hand heißt Hüttenberg und verweist mit seinem Namen auf die bergbauliche Vergangenheit des Ortes. Hier biegen wir links ab und steigen etwas an zum Glashüttenweg, der an die alte Braunlager Glashütte erinnert. Ihm folgen wir in östlicher Richtung, überqueren die Wurmbergstraße und gelangen im großen Bogen zur B 27. Wir überqueren diese, um wenige Meter rechts der Straße auf dem asphaltierten Rad- und Fußweg zu gehen. Wir überqueren die Bremke und die alte innerdeutsche Grenze, die den Harz 40 Jahre lang teilte. Im 18. und 19. Jahrhundert bildete der Fluss die Grenze zwischen dem Blankenburgischen und dem Elbingeröderschen, wobei Blankenburg zum Herzogtum Braunschweig und das Amt Elbingerode zum Kurfürstentum Hannover gehörte. Kurz hinter der Grenze wechseln wir wie-

der auf die linke Straßenseite, wo neben einer Rasthütte ein **Gedenkstein an die Grenzöffnung von 1989** erinnert.
Der Harzer Hexen-Stieg verläuft parallel zur Straße, aber in einiger Entfernung. Er steigt leicht an, beschreibt dann eine scharfe Wendung nach rechts und wieder etwas nach links und quert schließlich den Fahnenbach, der noch zum Einzugsgebiet der Warmen Bode gehört. Kurz hinter dem Bach wendet sich der Weg wieder nach links, er wird breiter. *Tipp:* Wer sich stärken möchte, kann einen Abstecher (rund 50 Meter) zur kultigen Erbsensuppe von Kukki unternehmen. Wir laufen auf der alten Braunlager Straße. Von links mündet der **Ulmer Weg** ein. Dieser uralte Pfad vom Torfhaus nach Elend hat nichts mit der Stadt Ulm und wohl auch nichts mit dem Baum Ulme zu tun. Kurz darauf sind wir im Ort **Elend**. Wir steigen jedoch noch nicht zur Kalten Bode hinab, sondern schauen von hier auf die **holzverkleidete Fachwerkkirche**. Wir laufen parallel der B 27 am Gasthaus „Waldmühle" vorüber in Richtung Süden, um nach wenigen Schritten links auf einen Wanderweg einzubiegen, der uns etwa zehn Meter oberhalb der Kalten Bode am Fluss entlang führt. Nach einem kurzen Stück stoßen wir auf eine Hexen-Stieg-Station: Ein schwarzes, eisernes Fenster gewährt einen besonderen Blick auf Elend und man erfährt, woher der seltsame Ortsname stammt.
Nachdem wir fast drei Kilometer so mit der Fließrichtung der Kalten Bode gewandert sind, zweigt der Hexen-Stieg rechtwinklig nach links ab hinunter ins Tal. Auf einer stählernen Fußgängerbrücke überqueren wir den Fluss, der hier in das Staugebiet der **Talsperre Mandelholz** übergeht. Am anderen Ufer steigt der Weg etwas an, und wir erreichen Mandelholz, heute Hotel und Gaststätte. Früher wurde hier Eisenerz gefördert und verhüttet. Um 1800 lebten mehr Menschen in Mandelholz als in Elend.
Bei Mandelholz mündet die Wormke in die Kalte Bode. Wir steigen das Wormketal hinauf und erreichen bald die Stelle, wo einst ein Damm die Wormke anstaute, um Wasserkraft zum Antrieb der Blasebälge des Hochofens zu gewinnen. Dieser Damm brach 1855 und verursachte schwere Schäden an der Kalten Bode. Der Wormke folgen wir flussaufwärts, bis wir auf einen Querweg, die alte Elbingeröder Heerstraße, stoßen. Hier biegen wir nach rechts und erreichen nach zwei Kilometern den Rastplatz am Steinbach und damit auch den Hauptweg des Harzer Hexen-Stieges.

Von Königshütte nach Torfhaus

Hinter Königshütte zweigt die Brockenumgehung am Rastplatz Steinbach von der Hauptroute des Harzer Hexen-Stiegs ab. Wir folgen der alten Elbingeröder Heerstraße rund zwei Kilometer und biegen dann links ins Tal der Wormke ein. Auf einem schmalen Pfad begleiten wir den Fluss und erreichen bald die Stelle, wo einst ein Damm die Wormke anstaute, um Wasserkraft zum Antrieb der Blasebälge eines Hochofens zu gewinnen. Dieser Damm brach 1855 und verursachte schwere Schäden an der Kalten Bode. Schließlich queren wir die Wormke und gelangen nach Mandelholz. Alte Schilder mit Warnungen machen auf Steinbrüche abseits des Weges aufmerksam. Um 1800 wurde hier Eisenerz verhüttet. Damals lebten mehr Menschen in Mandelholz als in Elend. Geblieben ist das Gasthaus und Hotel „Grüne Tanne" Mandelholz.

Wir queren die Straße und finden am Ende des Parkplatzes den weiteren Wegverlauf. Auf einer schmalen Stahlbrücke gelangen wir auf die andere Seite der Kalten Bode, die hier in das Staugebiet der **Talsperre Mandelholz** übergeht. Ein breiter Waldweg bringt uns bis nach **Elend**. Kurz vor Erreichen des Ortes stoßen wir auf eine Hexen-Stieg-Station: Ein schwarzes, eisernes Fenster am Wegrand eröffnet uns den ersten Blick auf Elend und erläutert die Herkunft des seltsamen Ortsnamens.

Wir überqueren die Bundesstraße und laufen ein kurzes Stück auf dem Fußweg. In der scharfen Rechtskurve biegen wir nach links auf den **Ulmer Weg** ein. Dieser uralte Pfad von Elend bis zum Torfhaus hat nichts mit der Stadt Ulm und wohl auch nichts mit dem Baum Ulme zu tun. Über die Gleise der **Harzquerbahn** hinweg, steigen wir den Berg hinauf zur Alten Braunlager Straße. Auf dieser wandern wir, an einer Schutzhütte vorüber, bis wir nach rechts auf einen Pfad in den sich erneuernden Wald einbiegen. Über wurzeligen Waldboden und kleine Brücken ohne Geländer begleiten wir die nahe Bundesstraße Richtung Braunlage. *Tipp:* Wer mit der Stärkung nicht bis Braunlage warten möchte, kann einen Abstecher (rund 50 Meter) zur kultigen Erbsensuppe von Kukki unternehmen.

Am **Gedenkstein zur Grenzöffnung** mit Rasthütte überqueren wir die Bundesstraße und folgen dem geteerten Rad- und Fußweg ein kurzes Stück. Dabei überqueren wir die Bremke. Im 18. und 19. Jahrhundert bildete der Fluss die Grenze zwischen dem Blankenburgischen und dem Elbingeröderschen, wobei Blankenburg zum Herzogtum Braunschweig und das Amt Elbingerode zum Kurfürstentum Hannover gehörte. Heute stoßen hier die Bundesländer Niedersachsen und Sachsen-Anhalt aneinander.

Dann geht es wieder nach rechts über die Bundesstraße. Der Hexen-Stieg führt – analog dem Braunlager Rundweg ▲ – mit einer Vielzahl von

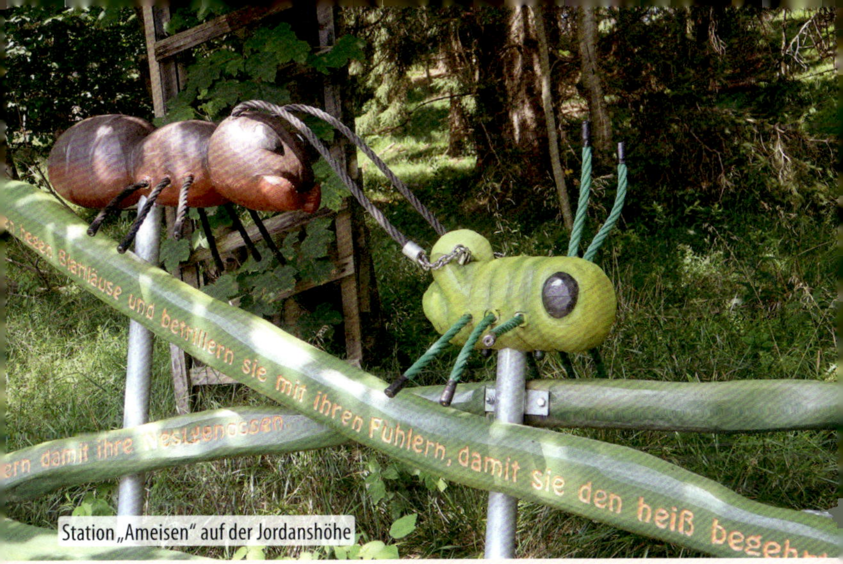

Station „Ameisen" auf der Jordanshöhe

Schlenkern und Abbiegungen durch **Braunlage**. Dabei gilt es wachsam die Beschilderung zu beachten! Wir queren die Wurmbergstraße, halten uns dann auf dem linken Forstweg und gelangen über weitere Abzweigungen und die **Verlobungswiese** zur Talstation der Wurmbergseilbahn (Einkehrmöglichkeit). Zunächst unter den fahrenden Kabinen hindurch, bahnen wir uns unseren Weg, an Pensionen vorbei, durch den Ort den Berg hinauf. Hinter dem Café „Panorama" überqueren wir die Skiwiese mit herrlicher Aussicht auf Braunlage.

Wir verlassen den Rundweg, wandern dem ▲ folgend am **Silberteich** vorbei (Stempelstelle 148) und genießen bei unserem steilen Abstieg – 125 Höhenmeter tief ins Odertal – die Fernblicke. Kurz vor Erreichen der Talsohle zweigt ein wurzeliger, steiler Pfad rechter Hand von der Forststraße zum Gasthaus Rinderstall ab. Früher wurden an diesem Ort die Rinder zur Waldweide zusammengeführt. Stempelsammler finden hier den Kasten mit der Nummer 123 vor. Nach den Wiesen am Gasthaus und dem kurzen Stück über die geteerte Straße, die durchs Odertal führt, erwartet uns der sehr steile Anstieg nach **St. Andreasberg**. Über Wurzeln und Steine führt der schmale Pfad den Berg hinauf zu einer Forststraße, die uns die restlichen Höhenmeter erleichtert. Wenn linker Hand die ersten Bergwiesen auftauchen, stoßen wir auf eine Hexen-Stieg-Station mit hölzernen Ameisen. Sie macht auf die Bedeutung dieser Waldbewohner aufmerksam. Am Hochbehälter biegen wir rechts ab. Es lohnt sich, links den Blick über die Bergwiesen bis nach St. Andreasberg schweifen zu lassen. Ein Wiesenschutzprogramm trägt zur Erhaltung der historischen Weideflächen und ihrer besonderen Flora bei. Jedes Jahr im Juni feiert St. Andreasberg das Wiesenblütenfest.

Über die Jordanshöhe gelangen wir bis zur Kienrauchshütte, einer Wege- und Grabenkreuzung mit historischer wassertechnischer Anlage. Weiter geht es entlang dem **Rehberger Graben**. Massive Granitblöcke überbrücken in unregelmäßigen Abständen den Wasserlauf, teilweise ist er sogar komplett „abgedeckelt". Zunächst erreichen wir das Rehberger Grabenhaus. In der Gaststätte hatte ehemals der Grabensteiger Tag und Nacht darauf zu achten, dass am Graben kein Schaden entstand. Am Grabenhaus können wir unsere Stempelsammlung um die Nummer 155 erweitern. Danach lädt der Rastplatz am **Goetheplatz** zum Verweilen ein. Mit Ausblicken ins Odertal und vorbei an weiteren Bergbaustationen, wie dem Steinbruch, aus dem die Granitblöcke zum Bau von Grabenbrust und Teichdamm stammen, begleiten wir den Rehberger Graben.

Für das letzte Stück zum **Oderteich** eröffnen sich zwei Möglichkeiten. Entweder wir bleiben auf dem Hexen-Stieg, folgen dem geteerten Weg bis zur Bundesstraße und wandern auf der Staumauer. *Tipp:* Oder wir zweigen nach rechts vom geteerten auf einen geschotterten Weg ab und betrachten das historische Bauwerk von der Luftseite mit seinen gewaltigen Granitblöcken. Vom Fuße der Staumauer führen hölzerne Treppen nach oben. An der östlichen Seite des Oderteichs treffen wir auf die Hexen-Stieg-Station: Frau Holle und im weiteren Verlauf dann an die Stempelstelle 217. *Tipp:* Der Wanderweg ▲ führt nach Oderbrück (1,2 Kilometer) mit Wanderheimen (✆ 05520/2162) und dem Hostel „The Cabin" (✆ 0152-29566967). Wir wandern über teils moorquerende Holzbohlen und dann auf dem nicht weniger feuchten **Märchenweg** nach Torfhaus. Steinig und wurzelig verlaufen die Wege durch sumpfiges Gebiet, sind an vielen Stellen nass und warten zum Teil mit großen Schlammkuhlen auf.

Informationsstellen

Sankt Andreasberg

Tourist-Information ***www.braunlage.de***
37444 Sankt Andreasberg, Am Kurpark 9 ✆ 05582/8033
✉ tourist-info@sanktandreasberg.de

Braunlage

Tourist-Information ***www.braunlage.de***
38700 Braunlage, Elbingeröder Straße 17 ✆ 05520/93070
✉ tourist-info@braunlage.de

Elend

Tourist-Information ***www.oberharzinfo.de***
38875 Oberharz am Brocken OT Elend, Hauptstraße 19
✆ 039455/375 ✉ elend@oberharzinfo.de

Einkehren und Übernachten

St. Andreasberg

» **verschiedene Übernachtungs- und Einkehrmöglichkeiten im Ort**

» **„Rehberger Grabenhaus“** ***www.rehberger-grabenhaus.de***
⏱ Frühjahr bis Herbst Di-So 11-18 Uhr, Dez. bis März Restaurantbetrieb zur Wildbeobachtung/Fütterung (⚠ nur mit Reservierung)
📞 05582/789 ✉ rehbergergrabenhaus@t-online.de

» **Gasthaus „Rinderstall“** ***www.gaststaette-rinderstall.de***
⏱ Mo-Fr 11-17 Uhr, Sa/So/Fei geschlossen
📞 05582/740 ✉ waldgaststaette-rinderstall@t-online.de

Braunlage

» **vielfältige Übernachtungs- und Einkehrmöglichkeiten im Ort**

» **Puppe's Brotzeitstube** ***www.puppe-braunlage.de***
Am Brunnen 2, ⏱ So-Do 11-20 Uhr, Fr/Sa 11-21 Uhr
📞 05520/487 ✉ puppe-braunlage@t-online.de

» **Jugendherberge Braunlage** ***www.braunlage.jugendherberge.de***
Von-Langen-Straße 28 📞 05520/2238 ✉ braunlage@jugendherberge.de

» **Buffet-Restaurant „Harz-Wald“ im Relexa-Hotel**
Karl-Röhrig-Straße 5a, ⏱ 12-14 und 18-21 Uhr (abends nur mit Reservierung)
📞 5520/8070 ✉ braunlage@relexa-hotel.de ***www.relexa-hotel-braunlage.de***

» **PANORAMA Hotel & Café** ***www.hotel-pension-braunlage.de***
Herzog-Johann-Albrecht-Straße 61 📞 05520/2291
⏱ Café: Fr-So 14-17 Uhr ✉ hotel-cafe-panorama@t-online.de

» **Campingplatz Braunlage** ***www.campingbraunlage.de***
Am Campingplatz 1, ***Entfernung vom Hexen-Stieg ca. 1,8 km***
📞 05520/9996931 ✉ info@campingbraunlage.de

Elend

» **Hotel und Restaurant „Waldmühle“** ***hotelwaldmuhle.com***
Braunlager Straße 15 ⏱ 12-21 Uhr
📞 0176 23421062 ✉ info@hotelwaldmuhle.com

» **Pension „Bodetal“** ***www.pension-bodetal.de***
Hauptstraße 28, 📞 039455/381 ✉ pensionbodetal@web.de

Mandelholz

» **Hotel und Restaurant „Grüne Tanne“** ***www.mandelholz.de***
⏱ Di-So/Fei 11.30-20 Uhr
📞 039454/460 ✉ hotel@mandelholz.de

Königshütte

» **siehe Seite 59**

Zwischen Drei Annen Hohne und Altenbrak

Alte und neue Bergbauregionen

Diese Etappe des Harzer Hexen-Stiegs passiert die bis heute aktive Bergbauregion rund um den Elbingeröder Ortsteil Rübeland. Dort wird in weitläufigen Tagebauanlagen Kalkgestein abgebaut. Einen imposanten Überblick bietet der Aussichtspunkt „Hoher Kleef": die Häuser, die Gleise der Rübelandbahn, der Tagebau, in der Ferne der Brocken. Etwas Zeit sollte man unbedingt für den Besuch einer der beiden Tropfsteinhöhlen in Rübeland einplanen.

|←→| **29,7 km** 40, 41, 42, 88, 62

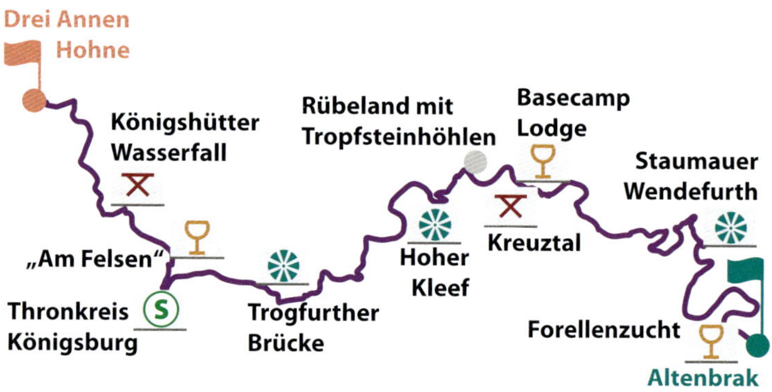

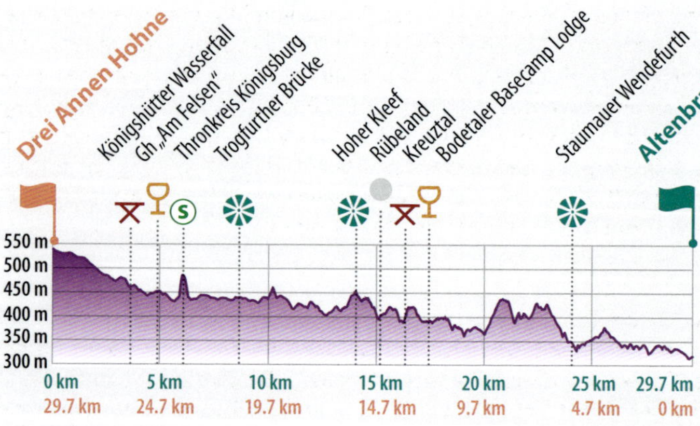

i Wissenswertes

Die Bode

Die Bode darf man wohl mit Recht als den größten aller Harzflüsse bezeichnen und wohl auch als den wichtigsten. Die beiden Quellflüsse der Bode heißen Kalte Bode und Warme Bode. Ihre Quellen liegen recht dicht beieinander in der Nähe des Eckersprungs, jeweils in Hochmooren (Etappe „Auf zum Brockengipfel“ S. 26). Die Kalte Bode entspringt im Brockenfeld und die Warme Bode im südlich gelegenen Bodebruch. Der Temperaturunterschied zwischen dem Wasser des einen und des anderen Baches soll bei etwa 2 Grad Celsius liegen. Ob sich daraus allerdings die Namen ergeben, ist nicht belegt. Mehrere Nebenflüsse der Bode enthalten ebenfalls den Wortstamm Bode. So gibt es die Rappbode, die Luppbode, die Kleine Bode und auch die Große Bode.

Die Wasser der Bode haben viele Wasserräder gedreht, die ihrerseits Blasebälge in Verhüttungsanlagen bewegten oder Sägegatter antrieben. Insofern lag an den Bode-Ufern ein frühneuzeitliches Industrieareal. Der letzte Abschnitt des Bodetals vor Thale war bis ins 19. Jahrhundert unzugänglich. Die Hochwasser der Bode waren für die Bewohner des Harzvorlandes ein Schrecken und für die Wasserräder im Flussbett eine Gefahr. Heute sind die Bodehochwasser durch die Rappbodetalsperre gezähmt.

Königshütte

Östlich von Königshütte lagen bei Elbingerode die besten und reichsten Eisenerzvorkommen des Harzes. Im 17. Jahrhundert gab es an der Kalten Bode die Neue Hütte; die Wernigeröder Grafen hatten sie wohl schon um 1400 gegründet. Dann existierten die Hütten Lucashof, Lüdershof und Königshof, die im 30-jährigen Krieg Statius von Münchhausen pachtete. Aus Lucashof und Lüdershof entstand im 17. Jahrhundert Rothehütte. Anfang des 19. Jahrhunderts wurde hier ein neues Hüttenwerk als Gusseisenkonstruktion errichtet, ähnlich der Königshütte in Bad Lauterberg. Während von der Königshütte dort nichts mehr erhalten ist, finden sich hier noch einige gusseiserne Säulen des repräsentativen Hüttenportals. Es heißt oft, Karl-Friedrich Schinkel habe sie entworfen, es war aber wohl der Blankenburger Architekt Carl Mühlenpfordt.

Rappbodetalsperre

Die 415 m breite Staumauer ist mit ihrer Höhe von 106 m die größte Staumauer Deutschlands. Dahinter sammeln sich bis zu 109 Millionen Kubikmeter Wasser im größten Stausee des Harzes. Die Planung dazu stammte schon aus der Zeit um 1900, wurde aber erst 1959 verwirklicht. Die Bode ist der wasserreichste Fluss im Einzugsgebiet des Rappbode-Talsperrensystems und das Bodetal auch das am dichtesten besiedelte Flusstal. Um mit der Talsperre nicht den Ort Rübeland zu überstauen, verlegte man den Stauraum der Talsperre in das unbesiedelte Paralleltal der Rappbode und pumpt nun ständig das Bodewasser aus der Überleitungssperre durch einen Stollen ins Rappbodetal, wo die Wasser großflächig angestaut werden – große Ingenieurskunst! *www.talsperrenbetrieb-lsa.de*

Geologie Elbingerode

Vor etwa 400 Millionen Jahren, im Devon, war diese Gegend von einem Meer bedeckt. Mit der gleichen langsamen Geschwindigkeit, in der Korallen und andere riffbildende Organismen wuchsen, senkte sich der Meeresboden. Und so entstanden sehr mächtige Kalkriffe, die heute abgebaut werden. Übrigens stiegen die sauren magmatischen Schmelzen der Granit-Plutone des Brockenmassivs erst etwa 40 Millionen Jahre später auf, nämlich im Karbon. Die Kalksteine hier sind also geologisch älter als die Granitsteine des Brockens. Wenn das Goethe geahnt hätte!

Rübeländer Tropfsteinhöhlen

Nur wenige Schritte abseits des Harzer Hexen-Stiegs direkt an der B 27 liegt der Eingang zur 1866 entdeckten Hermannshöhle. Hier beeindrucken vor allem der fließende Höhlenbach, die Kristallkammern und das Skelett eines Höhlenbären sowie die seltenen Grottenolme. Etwas weiter im Ort, am anderen Ufer der Bode, befindet sich die von Goethe mehrfach besuchte Baumannshöhle mit ihrem riesigen Goethesaal, dem klaren See und der Naturbühne (Theatervorstellungen). Die Besichtigung der beiden Tropfsteinhöhlen in Rübeland ist sehr empfehlenswert und sollte bei der Routenplanung unbedingt einkalkuliert werden, auch die kühle Temperatur in den Höhlen (ganzjährig 8 Grad Celsius). *www.harzer-hoehlen.de*

Ruine Birkenfeld

Von der vermutlich als Schutzburg errichteten Anlage sind heute noch Teile des Turmes sowie Mauer- und Grabenreste vorhanden. Lange Zeit im Besitz des Hochstifts Halberstadt, regierte hier im 12. Jahrhundert ein Werner von Berkefelde. Mindestens seit 1654 ist die Burg verlassen.

Forellenzucht und Ludwigshütte

Am Imbiss des Fischzuchtbetriebes lohnt es sich, mit frischen oder geräucherten Forellen eine Brotzeit einzulegen. Die Fischzucht ist in die alte Ludwigshütte eingezogen, die 1728 auf Veranlassung des Herzogs Ludwig Rudolf von Braunschweig-Wolfenbüttel gegründet wurde. Hufeisen, Glockenschwengel, Pflugscharen, Sägeblätter, Schaufeln, Spaten und anderes wurde hier produziert. 1733 kam eine Gewehr-Manufaktur hinzu. 1867 gab man den gesamten Betrieb wieder auf.

Von Drei Annen Hohne nach Altenbrak

Es ist etwas Aufmerksamkeit nötig, um den Einstieg des Harzer Hexen-Stiegs auf dem großen Autoparkplatz Drei Annen Hohne zu finden. Am besten geht man parallel zur Straße Richtung Elbingerode und hält sich am Ende des Parkplatzes rechts. Am Gedenkstein für Oberst Gustav Petri, der mit seiner Befehlsverweigerung zur bedingungslosen Verteidigung Wernigerodes in den letzten Kriegstagen 1945 die Stadt vor der sinnlosen Zerstörung bewahrte und dafür hier oben standrechtlich erschossen wurde, nehmen wir den Forstweg, der im Rechtsbogen ins Hirschbachtal führt. Der Hirschbach mündet in den Steinbach, der bald erreicht ist. Wir kommen zum idyllischen Rastplatz Steinbachtal, wo von Westen der Dammastbach in den Steinbach mündet. Hier gibt es Schutzhütten und Rastbänke. Furten durch den Dammastbach und kleine Brücken über die Bäche laden Kinder zum Spielen ein. An dieser Stelle fädelt sich von Westen aus die Route der „Brockenumgehung" in die Hauptroute des Harzer Hexen-Stiegs ein. Bald schon erreichen wir **Königshütte**, einen kleinen Ort mit langer Geschichte der Eisenverhüttung. Wir treffen zunächst bei Neue Hütte auf die B 27, bleiben nördlich der Straße und gehen nach links. Am künstlich angelegten **Königshütter Wasserfall** bietet sich eine schöne Gelegenheit zur Rast. Stempelsammler finden hier im grünen Kasten Stempel 40.

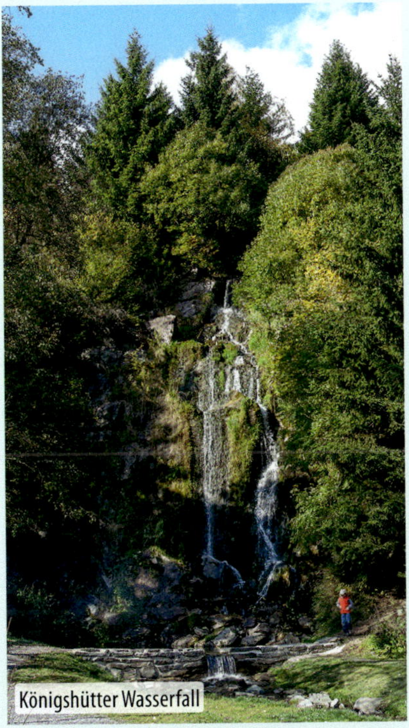

Königshütter Wasserfall

Einige Schritte weiter auf dem Hexen-Stieg gabelt sich die Bundesstraße – links geht es nach Elbingerode, rechts in den Ort Königshütte. Wir überqueren die Straße nach Elbingerode und laufen entlang der Kalten Bode (rechter Hand). Links von uns steigen die Felsen des Klingenberges an. Durch die Bäume am Ufer erkennen wir die gusseisernen dorischen Säulen der alten Königshütte. Vor uns liegt die

Gaststätte „Am Felsen“, nach weiteren 200 Metern führt uns eine Fußgängerbrücke nach rechts über die Kalte Bode.

Nun laufen wir nach links auf dem Fußweg der Tanner Straße, der alten Poststraße von Halberstadt nach Kassel, am Ortsteil Königshof vorbei. 1936 wurde durch eine Verwaltungsreform aus Königshof und Rothehütte Königshütte. Linker Hand stehen zwei Informationstafeln. Die eine unterrichtet über das Talsperrensystem der Rappbodetalsperre. Auf der anderen lesen wir Verse des Oberförsters Pfeil, der einige Zeit westlich der Tanner Straße im staatlichen Forsthaus residierte. Links von uns fließt die Warme Bode, die wir auf der Brücke eines Forstweges überqueren.

Wir stehen nun unterhalb der Königsburg, wo sich am Rastplatz der Harzer Hexen-Stieg gabelt: Die Hauptroute nach links verläuft nördlich der Rappbodetalsperre über Rübeland, Neuwerk und Wendefurth, die alternative Strecke nach rechts hingegen südlich der Talsperre über Hasselfelde und Stemberghaus. Beide Wege vereinen sich wieder in Altenbrak. *Tipp:* Ein Aufstieg zur Ruine des Bergfrieds der **Königsburg** sei in jedem Fall empfohlen. Deshalb wählen wir den steilen Serpentinenaufstieg in der Mitte der Gabel rechts neben dem Rastplatz. Die Adelsburg zur Grenzsicherung wurde vermutlich von den Halberstädter Bischöfen errichtet. Reste eines Bergfrieds sowie die Wall- und Grabenanlagen sind erhalten und restauriert. An den Mauerresten befindet sich auch die Stempelstelle 41. Dahinter führt ein Zubringerweg zur Südroute über Hasselfelde auf dem wir ein Stück die Ruine umrunden können und so die Hexen-Stieg-Station

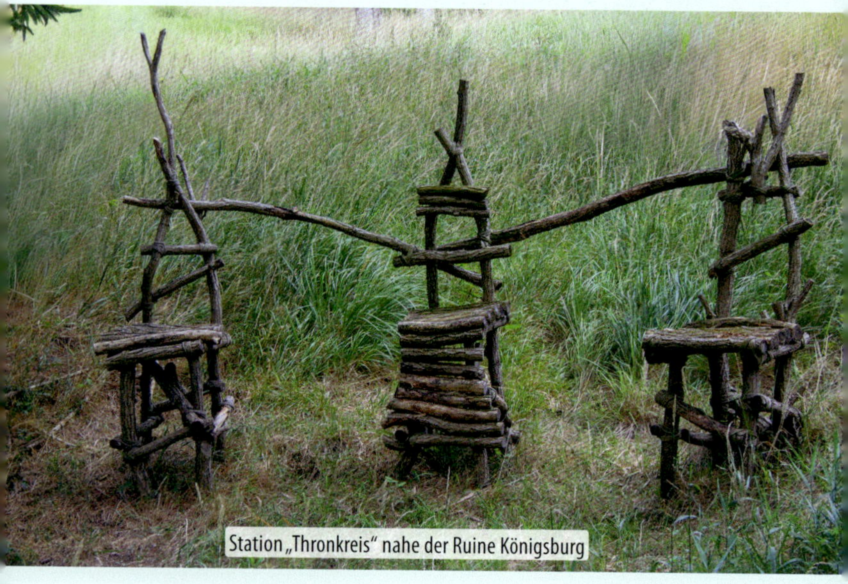

Station „Thronkreis“ nahe der Ruine Königsburg

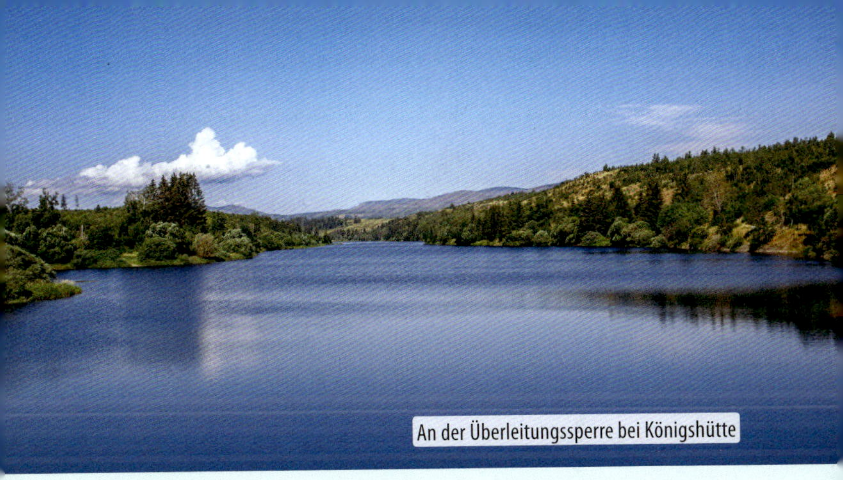

An der Überleitungssperre bei Königshütte

„Thronkreis“ erreichen. Anschließend gehen wir zur Ruine zurück und steigen schräg Richtung Rübeland zur Bode hinab.

Der Weg verläuft oberhalb der Warmen Bode. Wenig später erreichen wir die Stelle, an der sich die Warme Bode aus dem Roten Bruch und die etwa 2 Grad kühlere Kalte Bode vom Brockenfeld zur **Bode** vereinigen. Schon bald bemerken wir, dass sie aufgestaut ist. Die Wasserfläche weitet sich, wir sind an der Überleitungssperre. Nach mehr als einem Kilometer erreichen wir einen geschichtsträchtigen Platz. Eine Schautafel erinnert an die **Trogfurther Brücke**, die heute überstaut ist. Hier querte eine sehr alte Straße den Harz, die das Zisterzienserkloster Walkenried und die **Pfalz Bodfeld**, in der die sächsischen und salischen Kaiser gern weilten, verband. 1194 stürzte Heinrich der Löwe hier vom Pferd und brach sich ein Bein. Der Bericht von diesem Unglück ist die letzte Nachricht, die wir von dem Herrschersitz haben. Archäologische Grabungen 2024 belegen den Standort der Pfalz Bodfeld auf dem Schlosskopf. Rechts am Weg bietet sich eine Schutzhütte für eine Rast an (*Tipp:* Abstecher zum Stausee etwa 50 Meter links). Wenige Meter weiter ist die Staumauer der Überleitungssperre erreicht. Hier befindet sich die Stempelstelle 42. Es lohnt sich, fast bis an das andere Ende der Mauer zu gehen, um den schönen Blick auf den Wurmberg über die stille Wasserfläche zu genießen.

Der Harzer Hexen-Stieg verläuft weiter rechts der Bode entlang. Obwohl sich der Fluss recht tief eingeschnitten hat, mäandriert er. Eine Informationstafel an einer Schutzhütte links ein paar Schritte hinab vom Weg weist uns auf eine weitere Adelsburg hin, die auf der Gegenseite der Bode stand, die **Susenburg**. Von dieser Burg sind nur sehr geringe Reste erhalten. Bald erkennen wir vor uns, jenseits der Bode, großflächigen Kalkabbau. Wir erreichen, am Tiefenbachtal vorbei, den sogenannten Elbingeröder Komplex. Nach einem kurzen Stück auf der Autostraße zwischen der Bergarbeitersiedlung Susenburg und Rübeland (kein Fußweg!) durch-

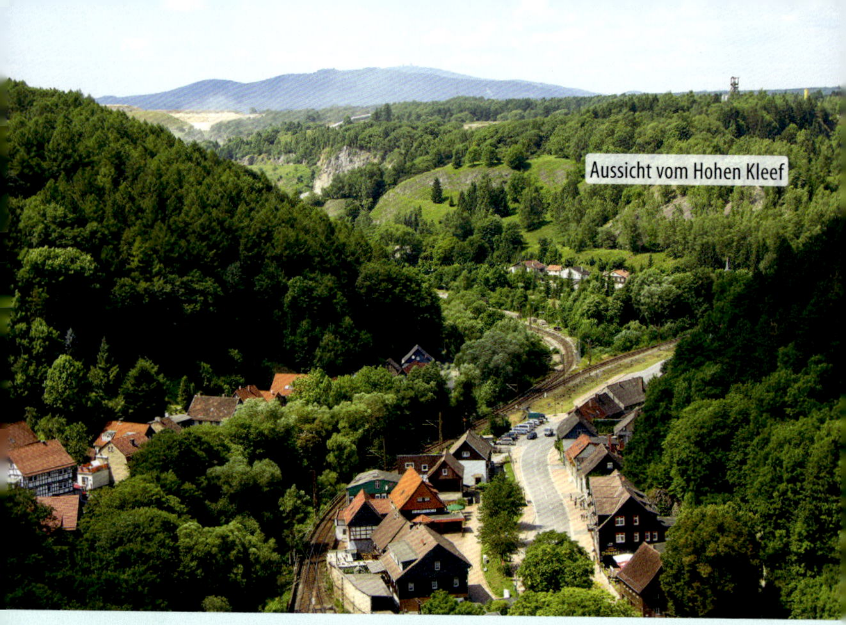

queren wir die Parkanlage mit Spielplatz und folgen der Straße bis in den Höhlenort Rübeland. Rechts bergauf erreichen wir das Schützenhaus. *Tipp:* Von hier sollte man den kurzen Abstecher zur **Burgruine Birkenfeld** (erstmals 1260 erwähnt) mit imposanten gesicherten Mauerresten und Rastmöglichkeit unternehmen. Vom Schützenhaus steigen wir dann den schmalen Pfad hinauf zum Aussichtspunkt „**Hoher Kleef**" (Stempelstelle 88). Nach wenigen Schritten stehen wir in einem kleinen Pavillon auf dem Kalkfelsen mit schönem Blick auf Rübeland und das Bodetal, aber auch auf die imposanten Tagebaue der Kalkgewinnung.

Anschließend wandern wir – einen sonnigen Rastplatz passierend – durch lichten Laubwald an der Harzbaude Susanne vorüber steil hinab nach Rübeland und treffen auf die vielbefahrene Landesstraße Rübeland – Hasselfelde. *Tipp:* Zum Eingang der Hermannshöhle, eine der **Rübeländer Tropfsteinhöhlen**, sind es von hier nur etwa einhundert Meter an der Straße abwärts.

Der Harzer Hexen-Stieg führt uns jedoch geradeaus hinab zum Philosophenweg, auf dem wir rechts der Bode Richtung Krockstein wandern. Hier, auf der anderen Seite des Flusses, wurde im 18. Jahrhundert roter Marmor abgebaut, mit dem Friedrich der Große sogar die Fußböden von Sanssouci auslegen ließ. Nördlich des Krocksteins liegt das Kreuztal, durch das die Straße von Hüttenrode herunterkommt. Das Tal wird vom **Kreuztalviadukt** überspannt – dem höchsten Viadukt im Harz. Diese gusseiserne Konstruktion ist eine Attraktion für Eisenbahnfreunde, denn auf ihr überquert die Rübelandbahn von Blankenburg kommend das Kreuztal.

Bevor wir im Ortsteil Kreuztal nach rechts Richtung Neuwerk abbiegen, haben wir an einem Rastplatz direkt unten an der Bode Gelegenheit zur erholsamen Pause. Wir gehen an der ehemaligen **Achsenschmiede** (Schauwasserkraftwerk ✆ 039454-43646) und am Metaphyrbruch vorüber auf einer aufgelassenen Bahntrasse bis nach **Neuwerk**, einem der idyllischsten Orte im Harz. Am Beginn des Ortsteils Hamburg geleitet auf der gegenüberliegenden Seite ein Schild zur Bode mit einem 2006 **rekonstruierten Wasserrad**. Wir erfahren, dass schon im 15. Jahrhundert die Wasserkraft zur Verhüttung des Erzes genutzt wurde, das hiesige Neue Werk entstand und damit auch die Siedlung. Kurz darauf passiert man die Bodetaler Basecamp Lodge, deren Gasthaus man über eine Fußgängerbrücke erreicht. Wir überqueren wenig später die Bode und wandern von nun an am linken Bodeufer. Auf dem Hütteplatz in Neuwerk findet am dritten Juli-Wochenende der traditionelle **„Grasedanz"** mit Wahl der in alter Tracht gekleideten Grasekönigin und mit einer symbolischen Heuversteigerung statt. Das Gebäude mit Türmchen zur linken Hand ist eine von drei im Harz erhaltenen Bethausschulen. *Achtung:* temporäre Alternativroute bis Wendefurth siehe Kasten unten.
Unser Weg steigt im Ort etwas an in Richtung Oberdorf, wir wenden uns dann aber nach rechts auf eine schmale Straße, die nur bergseitig bebaut ist. Sie verengt sich bald zu einem Pfad – wir sind auf einem der romantischsten Abschnitte des Harzer Hexen-Stiegs und laufen direkt oberhalb der Bode flussabwärts. Wir wandern durchs Schieferholz, wo bereits in der Mitte des 17. Jahrhunderts Schiefer gewonnen wurde. Am gegenüberliegenden Bodeufer sehen wir verlassene Häuser und mitten im Fluss einen monströsen Brückenpfeiler. Eine Schutzhütte lädt zur Rast ein. Wir kommen zum Wendefurther Stausee. Gleich zu Beginn ist für den Hochwasserfall eine kurze Hexen-Stieg-Umleitung ausgeschildert. Danach gabelt sich der Weg: Wir steigen nicht den Kuhberg hinauf, sondern nehmen nach rechts den steil ansteigenden Waldweg nahe dem Stausee. Schließlich erreichen wir eine große Lichtung und folgen nun nach rechts den Hochspannungsleitungen zur Talsperre Wendefurth hinab, die den Nachstau der **Rappbodetalsperre** bildet. Es öffnet sich ein Blick zum Pumpspeicherkraftwerk hinüber. Bald macht der Weg eine Spitzkehre nach rechts

Alternative über die Rappbode-Staumauer

Zwischen Neuwerk und Wendefurth ist der Hexen-Stieg wegen Waldschäden auf Jahre schwer passierbar. Eine Umleitung ist ausgeschildert. Beschreibung auf: *www.harz-wanderkarten.de/harzer-hexen-stieg*
Mit unserer verlagseigenen App „KartoGuide Harz" informieren wir aktuell über Sperrungen und Umleitungen: *www.kartoguide.de*

und leitet uns, an einer Schutzhütte vorüber, direkt zur Staumauer der Wendefurther Talsperre (Stempelkasten Nummer 62). Nach 150 Metern queren wir die Bundesstraße 81.

Schon die Häuser in Wendefurth gehören zu Altenbrak, einem Ortsteil von Thale. Wendefurth und Altenbrak haben eine Vergangenheit als Standorte von Eisenhütten. *Tipp:* Da Wendefurth auch Übernachtungsmöglichkeiten bietet, könnte diese sehr lange Etappe auch bereits hier enden, zumal die folgende letzte Etappe deutlich kürzer wird.

Unser Weg verläuft am südlichen, dem rechten Bodeufer, wenn man in Fließrichtung blickt. Die Bode, jetzt ein breiterer Fluss, strömt in großen Mäandern. Nach etwa vier Kilometern erreichen wir die **Forellenzucht** und Fischräucherei. Hier kommt die Streckenvariante über Hasselfelde den Berg herunter und gliedert sich in die Hauptroute ein.

Wegbeschreibung nach Osterode

Von Altenbrak nach Drei Annen Hohne

Von der **Forellenzucht** mit Fischräucherei laufen wir durch den Wald auf breitem, geschotterten Weg. Nach etwa 2,4 Kilometern staut ein Wehr das Wasser der rechts neben uns fließenden Bode. Wir erreichen Wendefurth. Die wenigen Häuser hier gehören zu Altenbrak, einem Ortsteil von Thale. *Achtung:* temporäre Alternativroute bis Neuwerk siehe Kasten Seite 53.

Nach Überqueren der Wendefurther Staumauer (Stempel 62 „Wendefurther Talsperrenblick“) wandern wir auf schmalem Pfad aufwärts und erreichen einen breiten Wanderweg, dem wir nach links folgen.

An der Schutzhütte nehmen wir halbrechts den naturbelassenen Pfad hinauf. Oben treffen wir auf einen breiten Forstweg, dem wir nach links aufwärts folgen, bis wir abermals nach links auf einen bequemen Waldweg wechseln. Dieser führt wieder leicht hinab. Links unterhalb von uns blicken wir auf den großen Wendefurther Stausee mit den markanten Pumpspeicherrohren. Unser Weg trifft erneut auf einen Forstweg. Auf ihm laufen wir nach links unter Hochspannungsleitungen auf eine Lichtung, von der es an einer Bank abermals nach links in den Wald hinein geht. Herrliche Himbeersträucher säumen auch hier – wie schon von Beginn unserer Wanderung an – unseren Weg.

Teils steil hinab erreichen wir auf urwüchsigem Pfad das Ufer des Wendefurther Stausees. Bei Hochwasser nutzt man die kurze, ausgewiesene Streckenführung. Ruderboote und Tretboote auf dem See machen bei schönem Wetter die Idylle perfekt. Nach einem knackigen Anstieg folgen wir dem Verlauf der uns entgegen fließenden **Bode**, zunächst einige Meter entfernt oberhalb, dann bald dicht neben ihr. Wir müssen einen kleinen Bachlauf über Steine queren, enge Passagen durch Brennnesseln ab-

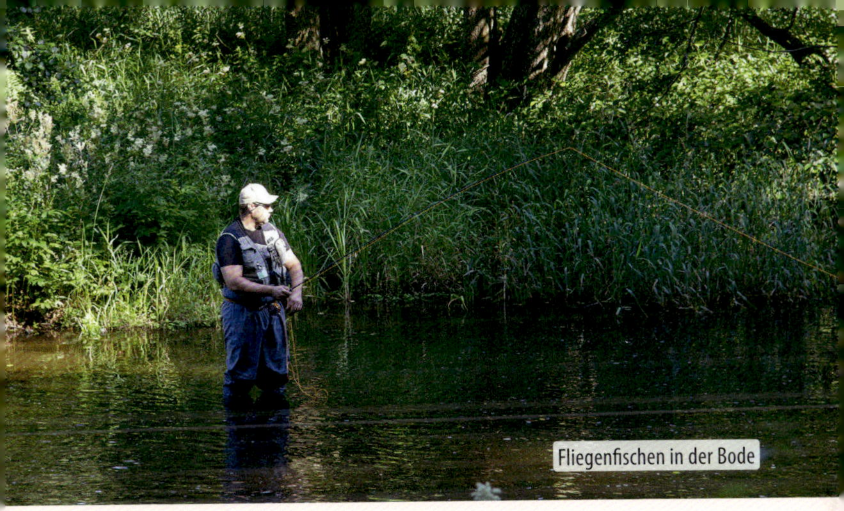
Fliegenfischen in der Bode

solvieren und können dabei ganz die herrliche Ruhe der Natur genießen. Wir befinden uns im Schieferholz, wo bereits in der Mitte des 17. Jahrhunderts Schiefer gewonnen wurde. Am gegenüberliegenden Bodeufer sehen wir verlassene Häuser und mitten im Fluss einen monströsen Brückenpfeiler. Eine Schutzhütte lädt zur Rast ein. Nun ist es nicht mehr weit bis **Neuwerk**, einem romantischen Winkel. Auf dem Hütteplatz in Neuwerk findet am dritten Juli-Wochenende der traditionelle **„Grasedanz"** mit Wahl der in alter Tracht gekleideten Grasekönigin und mit einer symbolischen Heuversteigerung statt. Das Gebäude mit Türmchen ist eine von drei im Harz erhaltenen Bethausschulen.

Beim Verlassen des Ortes Neuwerk passiert man die Bodetaler Basecamp Lodge, deren Gasthaus man über eine Fußgängerbrücke über die Bode erreicht. Wenige Meter daneben dreht sich ein 2006 **rekonstruiertes Wasserrad**. Wir erfahren, dass schon im 15. Jahrhundert die Wasserkraft zur Verhüttung des Erzes genutzt wurde, das hiesige Neue Werk entstand und damit auch die Siedlung. Entlang der Straße wandern wir ins Kreuztal und entdecken nun immer wieder Relikte der Bergbauepoche. Beeindruckend erhebt sich links von uns der Metaphyrbruch, bald liegt rechts der Straße die ehemalige **Achsenschmiede** (Schauwasserkraftwerk ✆ 039454-43646).

Auf der anderen Talseite sehen wir den Krockstein. Hier wurde im 18. Jahrhundert roter Marmor abgebaut, mit dem Friedrich der Große sogar die Fußböden von Sanssouci auslegen ließ. Nördlich des Krocksteins liegt das Kreuztal, durch das die Straße von Hüttenrode herunterkommt. Dieses Tal wird vom **Kreuztalviadukt** überspannt – dem höchsten Viadukt im Harz. Die gusseiserne Konstruktion ist eine Attraktion für Eisenbahnfreunde, denn auf ihr überquert die Rübelandbahn von Blankenburg kommend das Kreuztal.

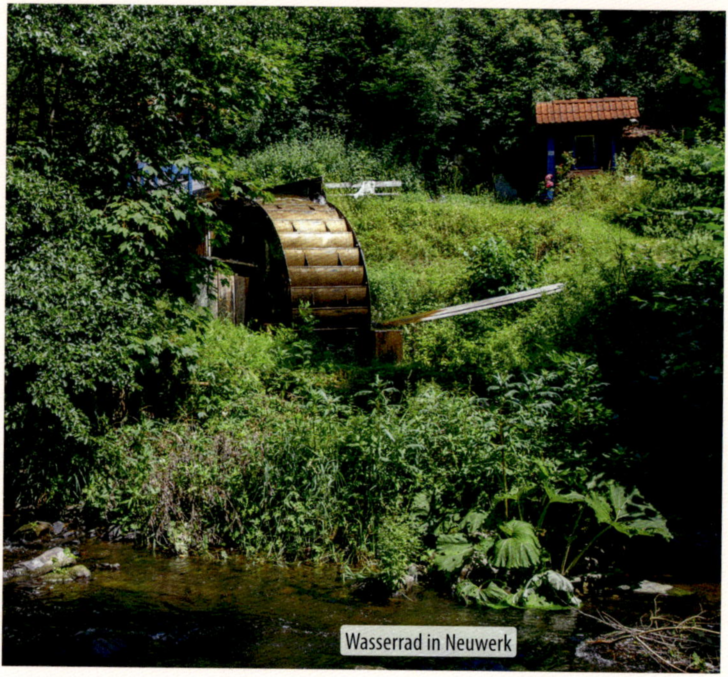

Wasserrad in Neuwerk

Eine breite Forststraße führt nach links Richtung Rübeland. Gleich zu Beginn bietet ein Rastplatz an der Bode Gelegenheit zum Verschnaufen. An der Weggabelung halten wir uns rechts abwärts und kommen schließlich auf einem schönen Waldweg – links Felsen, rechts unten die Bode sowie Hinweise auf die einstige Industriebahn und den Alten Bahnhof – nach Rübeland. Gleich am ersten Haus führt die Straße links hinauf. *Tipp:* Jene, die noch einen Abstecher in den Ort oder in die Hermannshöhle, eine der beiden **Rübeländer Tropfsteinhöhlen**, unternehmen möchten, können an dieser Stelle weiter geradeaus laufen.

Der Hexen-Stieg trifft oben auf die vielbefahrene Landesstraße Rübeland – Hasselfelde, die wir überqueren, um gegenüber auf dem ansteigenden Waldweg die Richtung nach Susenburg einzuschlagen. An der Harzbaude Susanne vorüber, haben wir bald unsere Höhe erreicht und wandern nun auf ebenem Weg zum Aussichtspunkt **Hoher Kleef** mit Stempelstelle 88. Vom neugebauten Pavillon haben wir eine der schönsten Aussichten des Harzes auf den im tiefen Tal liegenden Ort Rübeland, die Bergwerksanlagen, hinüber zum Brocken und auf die weite Hochebene. Vom Hohen Kleef folgen wir dem schmalen Pfad zum Schützenhaus. *Tipp:* Nur wenige Schritte sind es von hier hinauf zur **Burgruine Birkenfeld** (1260 erstmals

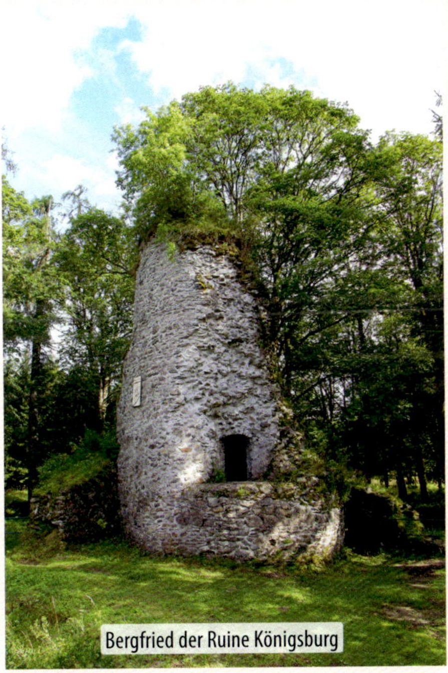

Bergfried der Ruine Königsburg

erwähnt) mit imposanten gesicherten Mauerresten und Rastplatz.

Vom Schützenhaus folgen wir dem breiten Forstweg, der schon bald auf die zwischen Rübeland und der Bergarbeitersiedlung Susenburg bestehende Autostraße trifft. Auf ihr müssen wir einige Meter entlang laufen (kein Fußweg!), um dann nach rechts in den kleinen Park mit Spielplatz einzubiegen. Wir erkennen jenseits der Bode großflächigen Kalkabbau und laufen wenig später auch direkt unter einem Förderband hindurch. Auf der anderen Straßenseite folgen wir dem Weg an der Bode, am Tiefenbachtal vorüber, und setzen dann unsere Wanderung nach links auf schönem Pfad fort. Wir befinden uns auf dem montangeschichtlichen Wanderweg, davon künden nicht zuletzt die gegenüberliegenden Halden. Unser Hangweg – links Felswände, rechts unten die Bode – führt durch den sich momentan erneuernden einstigen Fichtenwald.

Unser nächstes Ziel, die Trogfurther Brücke, erreichen wir auf einer Forststraße, an der eine Schutzhütte mit Aussicht auf den Felsen und den spärlichen Resten der **Susenburg** steht. An der Überleitungssperre informiert eine Tafel über das Bauwerk, die Stempelstelle 42 trägt den Namen **Trogfurther Brücke**. Von ihr ist nichts mehr vorhanden, aber wenige Meter weiter auf unserem Weg gibt es auch zu dieser Brücke Informationen. Hier querte eine sehr alte Straße den Harz, die das Zisterzienserkloster Walkenried und die **Pfalz Bodfeld**, in der die sächsischen und salischen Kaiser gern weilten, verband. Auf dieser Straße stürzte 1194 Heinrich der Löwe vom Pferd und brach sich ein Bein. Der Bericht von diesem Unglück ist die letzte Nachricht, die wir von dem Herrschersitz haben. Archäologische Grabungen 2024 belegen den Standort der Pfalz Bodfeld auf dem Schlosskopf. (Schutzhütte links oberhalb des Wegs, Abstecher zum Stausee etwa 50 Meter rechts). Entlang des Stausees und dann der Bode kom-

men wir nach Königshütte. Auf dem Weg dorthin passieren wir die Stelle, an der die Warme Bode aus dem Roten Bruch und die etwa 2 Grad kühlere Kalte Bode vom Brockenfeld zur Bode zusammenfließen. *Tipp:* Ganz in der Nähe führt links ein Abzweig zur Ruine **Königsburg** mit Blick auf Königshütte. Der als alternative Streckenführung des Harzer Hexen-Stiegs ausgewiesene Umweg (800 Meter länger) führt steil hinauf zu den imposanten Resten der Burg (Stempelstelle 41). Auf dem Pfad hinter der Ruine gelangt man sehr schnell zur Hexen-Stieg-Station „Thronkreis".
Unterhalb der Burgruine finden wir einen Rastplatz und den Hinweis auf die alternative Südroute unserer Etappe, nämlich von Altenbrak über Hasselfelde hierher nach **Königshütte**. Über die Brücke kommen wir dann nach rechts in den Ort bzw. streifen ihn, da wir gleich wieder auf die andere Seite der Bode wechseln, vorbei an der Gaststätte „Am Felsen". Links erblicken wir durch die Bäume die gusseisernen dorischen Säulen der alten Königshütte. Wir folgen nun den Hexen-Symbolen zum künstlich erschaffenen **Königshütter Wasserfall** mit einem gemütlichen Rastplatz. Stempelsammler finden hier im grünen Kasten Stempel 40.
Nach Verlassen des Ortes Königshütte treffen wir auf die Forststraße nach Drei Annen Hohne und damit auf das letzte Stück unserer Etappe durch das Steinbachtal. Am Rastplatz Steinbach laden Bäche mit Brücken und Furten Kinder zum Spielen ein. Hier teilt sich der Harzer Hexen-Stieg in die alternative Route „Brockenumgehung" und in die Hauptroute. Letztere verläuft nach rechts. Wir biegen noch einmal nach links auf einen schmalen Wanderweg und erreichen nach einigen hundert Metern am Gedenkstein für Gustav Petri, der mit seiner Befehlsverweigerung zur bedingungslosen Verteidigung Wernigerodes in den letzten Kriegstagen 1945 die Stadt vor der sinnlosen Zerstörung bewahrte und hier oben standrechtlich erschossen wurde, den Großparkplatz Drei Annen Hohne.

Informationsstellen

Rübeland

Rübeländer Tropfsteinhöhlen *www.harzer-hoehlen.de* • *www.oberharzinfo.de*
38889 Oberharz am Brocken OT Rübeland, Blankenburger Straße 35
039454/49132 info@harzer-hoehlen.de

Altenbrak

Bodetal-Information *www.bodetal.de*
06502 Thale OT Altenbrak, Unterdorf 5 039456/205 altenbrak@bodetal.de

Einkehren und Übernachten

Drei Annen Hohne

» siehe Seite 35

Königshütte

» **Pension und Restaurant „Am Felsen"** *www.am-felsen.de*
Ackertklippe 1 ⏱ Mo-Sa 17.30-20 Uhr
📞 039454/43163 ✉ rezeption@am-felsen.de

Rübeland

» **diverse Übernachtungs- und Einkehrmöglichkeiten im Ort**

» **Harzbaude „Gasthaus Bodetal"** *www.gasthaus-bodetal.de*
Blankenburger Straße 39 ⏱ Do-So 12-15 und 17-21 Uhr 📞 0175 5487155

» **Pension und Café Numero 1** *www.numero-1.de*
Blankenburger Straße 27 📞 039454/49252

Neuwerk

» **Bodetaler Basecamp Lodge** *www.bodetaler.com*
Ortsstraße 1 B 📞 039454/89600 ✉ info@bodetaler.com
⏱ **Wirtshaus mit Flussterrasse** Di-Fr 15-21, Sa 13-21 Uhr 📞 039454/896060

Wendefurth

» **Seeterrasse „Zum Hecht"** (eigene Räucherei) *www.erlebnis-talsperre-harz.de*
Am Stausee 1 ⏱ Mai bis Okt. Di-So 10-18 Uhr (Ferien: auch Mo)
📞 0170 8822255 ✉ info@erlebnis-talsperre-harz.de

» **Restaurant „Zur Bode"** *www.zur-bode.de*
Alte Blankenburger Straße 1, ***Entfernung vom Hexen-Stieg ca. 100 m***
⏱ Di-So 11.30-15 Uhr 📞 0175 2202087

» **Pension „Haus Waldfrieden"** *www.waldfrieden-bodetal.de*
Bodeweg 1 📞 0176 20158276 ✉ info@waldfrieden-bodetal.de

Altenbrak

» **„Bodetal-Forellenzucht"** (Forellenimbiss mit Biergarten)
Ludwigshütte 1B ⏱ April bis Okt. 7-19 Uhr, Nov. bis März 8-17 Uhr
📞 039456/381

» **Restaurant „Zur Jägerbaude"** *www.zur-jaegerbaude.de*
⏱ April bis Okt. Mi-So 12-20 Uhr, Nov. bis März Do-So 12-19 Uhr 📞 039456/372

» **Café „Theodor Fontane" und Pension** *www.cafe-pension-fontane.de*
Forstweg 3, ***Entfernung vom Hexen-Stieg ca. 500 m***
⏱ April bis Nov. täglich 14-20 Uhr 📞 039456/336

Alternative: **Der Köhlerpfad**

Ab Königshütte bzw. an der Forellenzucht in Altenbrak kann alternativ die südliche Umgehung der Rappbodetalsperre eingeschlagen werden. Im Gegensatz zur Hauptroute mit ihren zwar kurzen, jedoch steilen Passagen besitzt diese Variante des Harzer Hexen-Stiegs kaum Steigungen. Der Weg verläuft zwischen Hasselfelde und Altenbrak auf dem Köhlerpfad. Infotafeln, verschiedene Meilerarten, Relikte am Wegesrand und das Köhlereimuseum Stemberghaus stellen anschaulich das alte Harzer Köhlerhandwerk vor.

|⟷| **27,6 km** 41, 56, 52, 60, 63

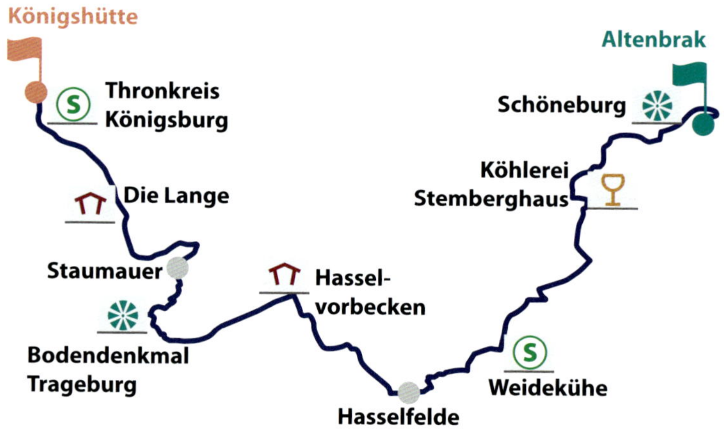

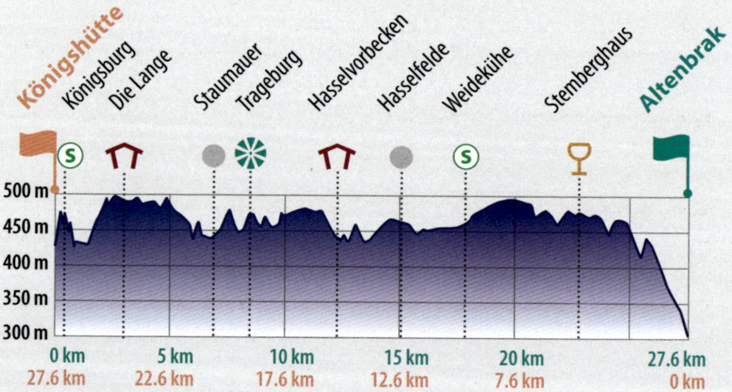

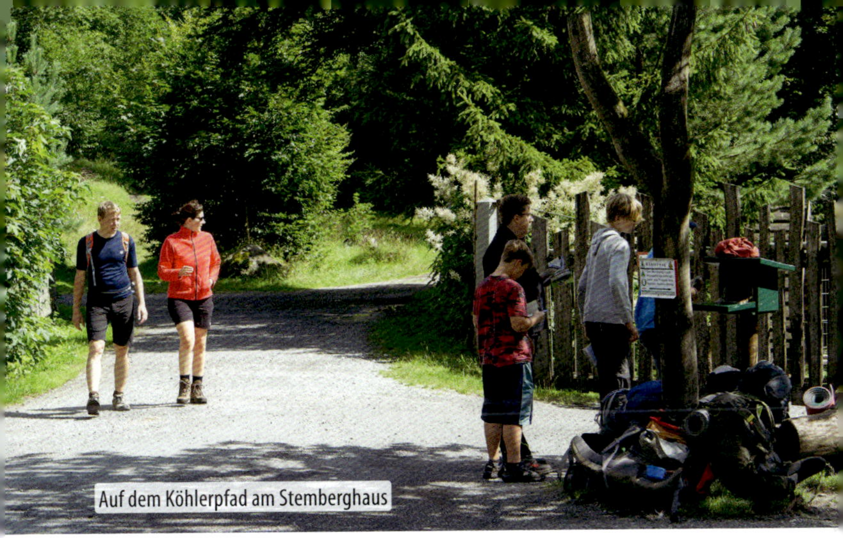

Auf dem Köhlerpfad am Stemberghaus

i Wissenswertes

Hasselfelde

Die ehemalige Stadt Hasselfelde liegt in einer leichten Senke auf der idyllischen Harzhochfläche im Unterharz. Sie gehört seit 2010 zur neu gegründeten Stadt Oberharz am Brocken. Ihre Geschichte lässt sich bis zur ersten urkundlichen Erwähnung 1043 zurückverfolgen. Bergbau- und Hüttenbetriebe sorgten für eine starke Entwicklung, im 19. Jahrhundert arbeiteten im Ort Holz- und Steinhauer, Köhler sowie Fuhr- und Bauleute. Heute ist der sanfte Tourismus wirtschaftlich von großer Bedeutung.

Harzköhlerei Stemberghaus

An der B 81 Richtung Blankenburg bietet eine der letzten noch arbeitenden Köhlereien des Harzes Gelegenheit, die Holzverkohlung kennenzulernen. Jährlich produziert der kleine Betrieb noch ca. 50 Tonnen reine Buchenholzkohle. Das erste deutsche Köhlereimuseum gibt Einblick in die Entwicklungsgeschichte dieses Handwerks. ***www.harzkoehlerei.de***

Hängebrücke

Aufregend und sportlich geht es an der Rappbodetalsperre zu. Eine 458,5 m lange Hängebrücke überspannt direkt neben der Staumauer den Wendefurther Stausee in einer Höhe von 100 Metern. Etwa von der Mitte aus ist ein 75 m tiefer Sprung in die Tiefe möglich. Über die Brücke hinweg können Mutige außerdem per Megazipline ins Tal gleiten. Jüngste Attraktion ist der 39 m hohe Aussichtsturm mit Wallrunning und Katapult „Ultrashot". Typisch-Harz-Produkte hält der Shop bereit. ***www.harzdrenalin.de***

Von Königshütte nach Altenbrak

An der Weggabelung am Rastplatz unterhalb der Königsburg nehmen wir den Weg nach rechts. *Tipp:* Es empfiehlt sich jedoch, den kurzen und steilen Umweg geradeaus über die Ruine der Königsburg mit Resten eines imposanten Bergfrieds, der Stempelstelle 41 sowie der Hexen-Stieg-Station „Thronkreis" zu nehmen. Die Anstrengung wird zudem mit wunderschönen Ausblicken belohnt. Der Ausschilderung nach Hasselfelde folgend, erreichen wir bald wieder den eigentlichen Harzer Hexen-Stieg, der zuerst parallel der Warmen Bode flussaufwärts verläuft und leicht ansteigt. Nach etwa einem Kilometer ab der Weggabelung verlassen wir das Flusstal und erreichen nach weiteren gut zwei Kilometern den höchsten Punkt dieser Etappe. Auf 493 Metern liegt der Kreuzungspunkt (Rasthütte) mit einem alten Höhenweg, „Die Lange", zwischen Rübeland und Benneckenstein. Nach knapp drei Kilometern genießen wir hinter einer scharfen Rechtskurve an der Stempelstelle 56 den herrlichen Ausblick auf das Rappbodetal mit der kleinen Staumauer der Rappbode-Vorsperre. Über die Staumauer kommen wir an das rechte Ufer der Rappbode. Der ansteigende Pfad führt zu schönen Ausblicken auf die Wasserfläche der Vorsperre.

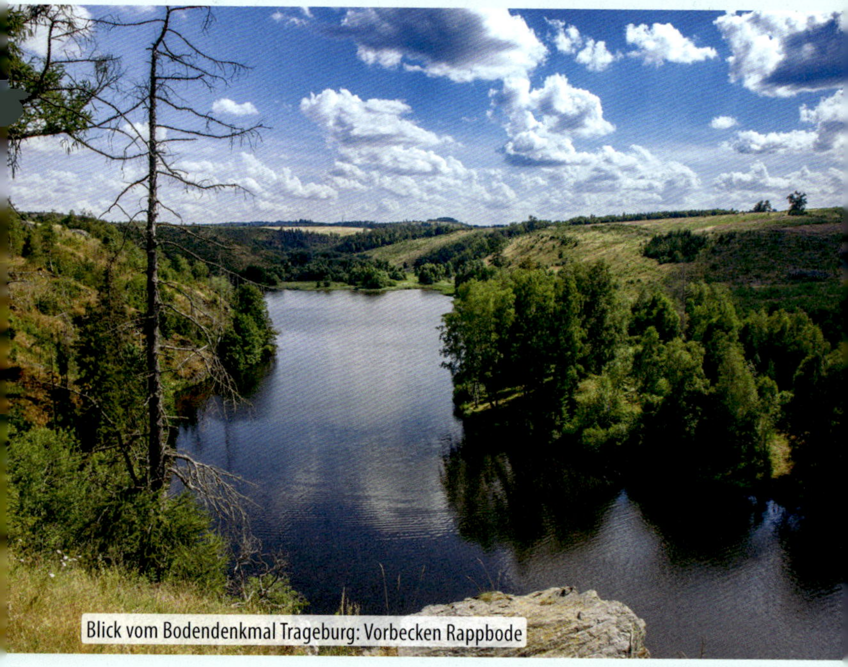
Blick vom Bodendenkmal Trageburg: Vorbecken Rappbode

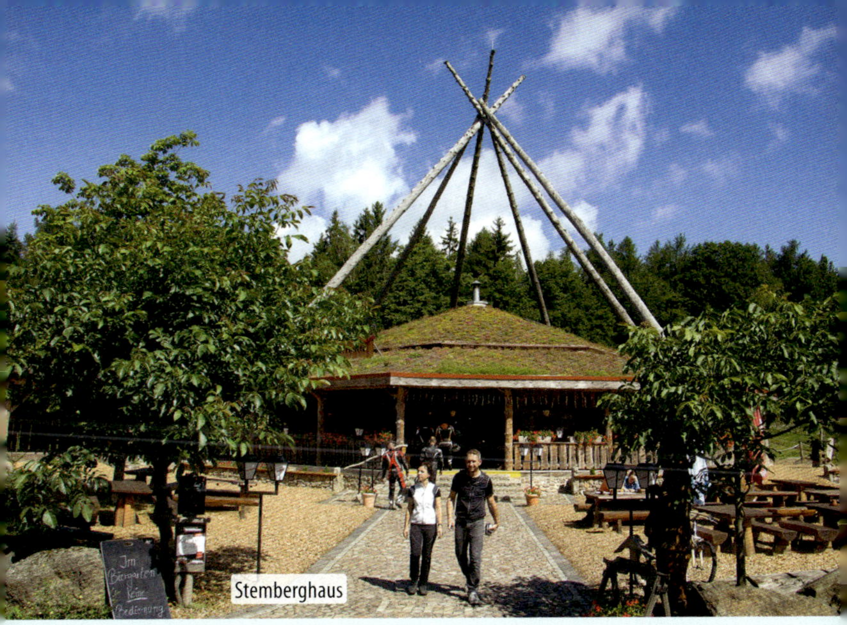

Stemberghaus

Bald ist die Stelle erreicht, wo die Trageburg gestanden haben soll, von der nur noch Wallreste erkennbar sind. Dennoch lohnt der kleine Abstecher, denn man kann einen besonders idyllischen Blick auf die Rappbode-Vorsperre genießen. Es bietet sich in der Schutzhütte mit Stempelstelle 52 oder auf einer der sonnigen Aussichtsbänke wenige Meter entfernt eine Rast an. Die Trageburg sollte wohl den Übergang eines alten Harzquerweges über die Rappbode sichern.

Durch das große Mühlental erreichen wir die Hassel-Vorsperre (Schutzhütte an der Kreuzung), an deren westlichem Ufer wir südwärts am Sautal vorbei wandern, einem kleinen Naturschutzgebiet, in dem seltene Pflanzen wie Trollblume und Wollgras gedeihen. Hier trifft man auch auf den **Bienenlehrpfad**, dem wir bis zum Ende der Vorsperre folgen. An einer lichten Wegkreuzung liegt die ehemalige Hagenmühle mit ihren Pferdekoppeln.

Durch offene Wiesenflächen, die für die Hasselfelder Hochebene charakteristisch sind, erreichen wir **Hasselfelde**. Am Busbahnhof vorbei, biegen wir links auf die Hauptstraße ein, passieren die Touristinformation und die Stadtkirche und gelangen geradeaus weiter in den Kurpark. Hier soll einst eine Jagdpfalz Kaiser Heinrichs III. gestanden haben, von der aber kaum Reste erhalten sind. Hinter dem Kurpark führt der Hexen-Stieg nun als idyllischer Waldpfad wenige Meter parallel zum breiten Wanderweg am Waldrand entlang. Nach etwa 800 Metern biegen wir nach links ab, passieren den Mittleren Teich und treffen an einer Wegkreuzung auf Rote Holzkühe – die Hexen-Stieg-Station „Oberharzer Weidewirtschaft".

Hasselfelde hat eine mittelalterliche Vergangenheit als Bergbauort. Von dieser Tradition kündet auch der Köhlerpfad, dem wir nun folgen. Zuerst sehen wir eine Köhlerhütte (Rastmöglichkeit), die Unterkunft für die Köhler, die Tag und Nacht ihre brennenden Kohlenmeiler beaufsichtigten. Im weiteren Verlauf des Weges lernen wir verschiedene Meilerarten kennen und werden auch auf Relikte der Köhlereigeschichte am Wegesrand aufmerksam gemacht. *Tipp:* Im **Köhlerborn** (wenige Meter Abstecher nach links) können wir unsere Trinkvorräte auffüllen. Am Stemberghaus mit „Köhler-Rast", in der übers Jahr auch ein vielfältiges Veranstaltungsprogramm angeboten wird, lässt sich die Herstellung von Holzkohle im **Köhlereimuseum** nachvollziehen. Hier rauchen heute noch richtige Holzkohlenmeiler. Die produzierte Holzkohle kann erworben werden. Vor dem Tor des Museums wartet Stempel 60 auf den emsigen Sammler.
Tipp: Etwa vier Kilometer nördlich befindet sich die **Hängebrücke** mit Abenteuerangeboten und Imbiss an der Rappbodestaumauer.
Durch schönen Laubwald geht es nun weiter auf dem Siebengründeweg zur Schöneburg. Auf einer Felsnase findet sich ein Aussichtspunkt mit Schutzhütte und Blick nach Altenbrak ins Bodetal (Gipfelbuch, Stempelstelle 63). Unser Pfad windet sich um den Berghang fast 60 Meter abwärts bis zur Forellenzucht, wo sich der Weg wieder mit der Hauptroute über Rübeland vereint.

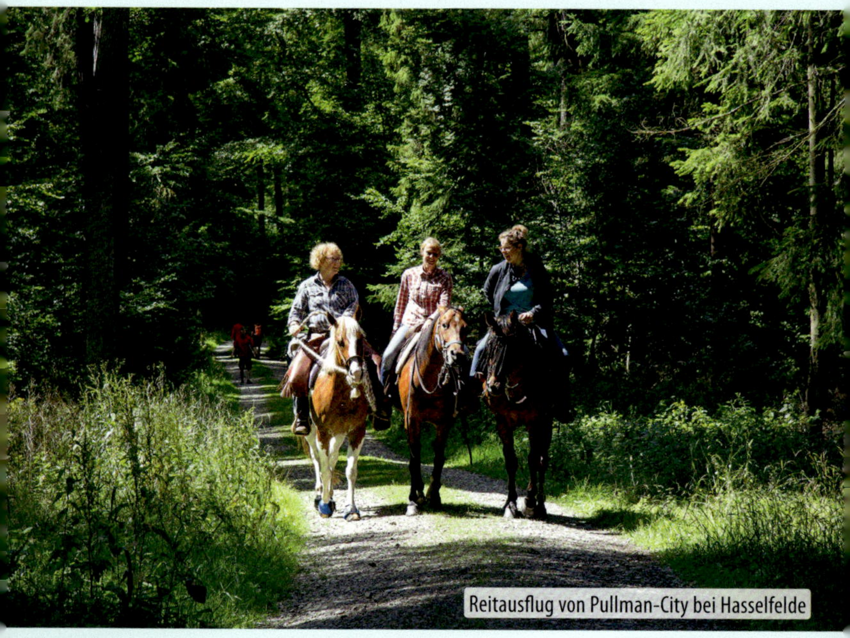
Reitausflug von Pullman-City bei Hasselfelde

Von Altenbrak nach Königshütte

Von der Forellenzucht (ehemalige Ludwigshütte) wandern wir auf schmalem Pfad den Berg hinauf und genießen am Aussichtspunkt Schöneburg (Schutzhütte) den Blick auf den Ort Altenbrak. Wir haben Gelegenheit, uns den Stempel 63 zu holen und eine Nachricht im Gipfelbuch zu hinterlassen. Durch Buchen- und Eichenwald auf breitem, bequemem Weg halten wir uns in Richtung Stemberghaus. Auf unserem Hexen-Stieg verläuft nun auch der Köhlerpfad, der mit dem Köhlerhandwerk im Harz bekannt macht. Dazu gehören vor allem das **Köhlereimuseum** am Stemberghaus (Stempel 60) und die dort rauchenden Meiler, denn hier entsteht noch heute Holzkohle. In der geräumigen Köhlerrast, in der übers Jahr auch ein vielfältiges Veranstaltungsprogramm angeboten wird, kann man sich stärken. *Tipp:* Etwa vier Kilometer entfernt befindet sich die **Hängebrücke** mit Abenteuerangeboten und Imbiss an der Rappbodestaumauer.

Wir bleiben auf dem Köhlerpfad, erblicken beispielsweise blau markierte Bäume, aus denen eine Tonne Holzkohle gewonnen werden könnte. *Tipp:* Am **Köhlerborn** (wenige Meter Abstecher nach rechts) können wir unsere Trinkvorräte auffüllen. Der Weg durch den Wald Richtung Hasselfelde bleibt bequem, auch Reiter nutzen ihn gern. Schließlich müssen wir etwa hundert Meter nach links auf einer wenig befahrenen Straße bewältigen, bevor uns nach rechts der Wanderweg über weite, bunte Weidelandschaft bringt. An der Köhlerhütte nehmen wir den linken Weg und schon bald befinden wir uns inmitten der hügeligen Hochebene, bestehend aus Feldern, Wiesen und Büschen. Am Hohen Berg „weiden" hölzerne rote Kühe – die Hexen-Stieg-Station „Oberharzer Weidewirtschaft".

Auf dem geschotterten Forstweg passieren wir linker Hand den Mittleren Teich und treffen nach einem kurzen Anstieg auf eine Kreuzung, an der wir uns rechts nach **Hasselfelde** wenden. Ein dicht bewachsener schmaler Pfad trifft genau in den Ort, während rechter Hand jetzt sogar echte Kühe auf der Weide stehen. Am Käseberg erblicken wir den Kurpark. Hier soll einst eine Jagdpfalz Kaiser Heinrichs III. gestanden haben, von der aber kaum Reste erhalten sind. Durch den herrlichen Park (Bänke, kleiner Spielplatz) gehen wir direkt auf die beeindruckende Stadtkirche am Markt zu. Geradeaus durchqueren wir die Oberharzstadt, biegen an

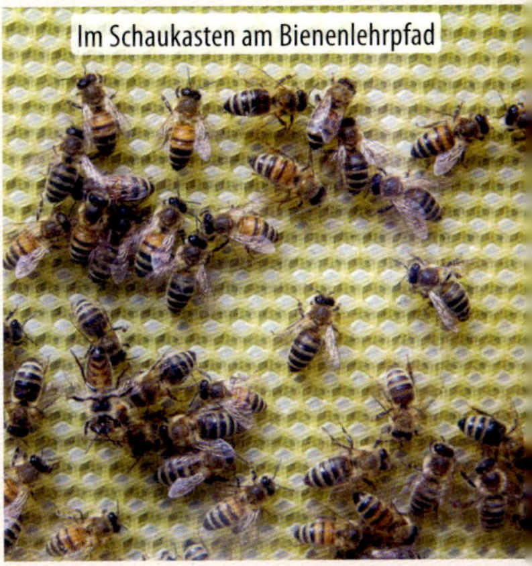
Im Schaukasten am Bienenlehrpfad

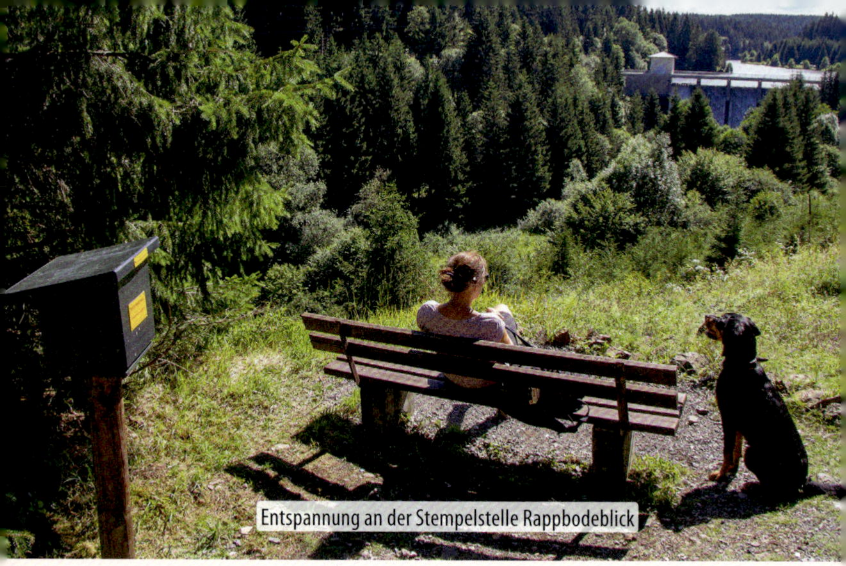

Entspannung an der Stempelstelle Rappbodeblick

der Touristinformation rechts ein, laufen am Busbahnhof und dann am Friedhof entlang und erreichen an der Ferienhaussiedlung die ehemalige Hagenmühle mit ihren Pferdekoppeln.

Auf dem **Bienenlehrpfad** steuern wir nun die Trageburg an. Nach einem kurzen Stück Schotterweg laufen wir nach rechts um das Wäldchen herum auf schönem Wiesenweg, gesäumt von bemoosten, urigen Birken.Hin und wieder sehen wir einen Bienenwagen. Unser Blick fällt auf das Vorbecken der Hassel und wir befinden uns inmitten herrlicher Natur. Entlang des Sees treffen wir auf eine Schutzhütte, an der wir uns nun nach links wenden. Schnurgerade wandern wir über sich regenerierende Waldflächen mit ersten Baumpionieren, wie Birke, Ahorn und Eberesche.

Wir kreuzen einen breiten Weg, folgen unserer Ausschilderung in Richtung Trageburg/Trautenstein und kommen leicht abwärts zur Vorsperre der Rappbode. Der Hexen-Stieg ist nun identisch mit dem idyllischen Rundwanderweg um den See. Am Standort der 1654 erstmals urkundlich genannten Trageburg (Bodendenkmal, nur Reste der Wallanlagen) haben wir Gelegenheit, einen freien Blick auf den See zu genießen, auf Bänken oder in der Schutzhütte auszuruhen und den Stempel 52 ins Heft zu drücken. Über einen wurzeligen Pfad gelangen wir an einen weiteren Aussichtspunkt auf den See, beim Abstieg dann zu einer Informationstafel über die Wege Deutscher Kaiser und Könige im Harz. Wir überqueren die Staumauer des Vorbeckens und halten uns rechts aufwärts, um schon nach wenigen Metern zurückblickend das imposante Schauspiel des steil abfallenden Wassers zu beobachten (Stempelstelle 56). Der vermeintliche Aussichtspunkt direkt an unserem Weg vor der Linkskurve hinüber zu den Wilden Großen und Kleinen Rabenklippen ist leider zugewachsen. Un-

ser Schotterweg zieht sich durch den ehemaligen Fichtenwald, der sich allmählich regeneriert, und quert den ebenso breiten Schotterweg „Die Lange" (Schutzhütte), einem alten Höhenweg zwischen Rübeland und Benneckenstein. Wir wandern abwärts Richtung Königshütte und treffen, entlang einer weiten Weidefläche, auf den Rastplatz unterhalb der Königsburg und damit auf die Hauptroute des Harzer Hexen-Stiegs.
Tipp: Kurz vorher gibt es bereits den Einstieg in einen Umweg (unbedingt empfehlenswert!) hinauf zur Königsburg. Dieser führt mit mehreren wunderschönen Ausblicken an der Hexen-Stieg-Station „Thronkreis" vorüber zur Ruine des Bergfrieds sowie der Stempelstelle 41 und verlängert diese Etappe um etwa zehn Minuten reine Wegzeit.

Informationsstellen

Hasselfelde

Tourist-Information
38899 Oberharz am Brocken OT Hasselfelde, Breite Straße 17 ☎ 039459/71369
www.oberharzinfo.de ✉ hasselfelde@oberharzinfo.de

Einkehren und Übernachten

Königshütte

» siehe Seite 59

Hasselfelde

» **diverse Übernachtungs- und Einkehrmöglichkeiten im Ort**
» **Hotel „Zur Krone"** *www.hotel-krone-hasselfelde.com*
Breite Straße 22 ☎ 0163 7585228 ✉ info@hotel-krone-hasselfelde.de

Zwischen Hasselfelde und Altenbrak

» **„Köhlerrast Stemberghaus"** mit Köhlereimuseum *www.harzkoehlerei.de*
⏱ April bis Okt. 11-18 Uhr, im Winter eingeschränkt, siehe Internetseite
☎ 039459/72254 ✉ stemberghaus@harzkoehlerei.de

Altenbrak

» siehe Seite 59

Zwischen Altenbrak und Thale

Bodetalschlucht

Höhepunkt dieser Etappe und – neben dem Brocken – des gesamten Harzer Hexen-Stiegs ist das Bodetal mit seinen teils bizarren Felsformationen links und rechts der wilden Bode, der „Grand Canyon des Harzes". Der Wanderweg verläuft stets neben dem Flussbett. Seine anspruchsvolle Beschaffenheit erfordert vom Wanderer jedoch besondere Aufmerksamkeit.

|⟷| **15,2 km** 69, 178

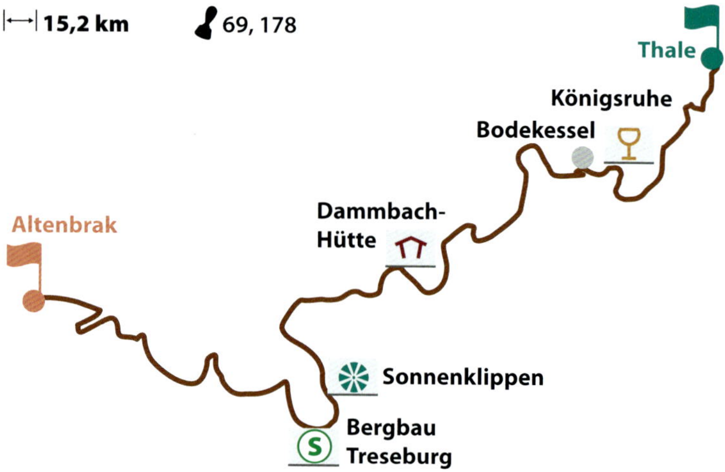

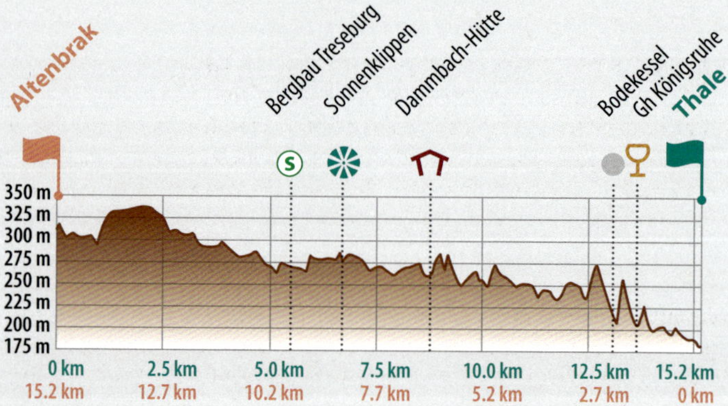

i Wissenswertes

Altenbrak und Treseburg

Die idyllisch gelegenen kleinen Gemeinden sind heute beliebte Tourismusorte und gelten jede für sich als „Perle des Bodetals“. Bergbau und Verhüttung, Berglandwirtschaft und Waldarbeit bestimmten jahrhundertelang das Leben hier. Altenbrak besitzt ein Bergschwimmbad von 1930 und eine Waldbühne mit fast eintausend Plätzen. Auf der von mehreren Ensembles der Region genutzten Sommer-Spielstätte findet am ersten Septemberwochenende der vielbeachtete „Harzer Jodlerwettstreit“ statt.
www.bodetal.de • www.theaterdertiefe.de

Naturschutzgebiet Bodetal

Das canyonartige Tal zwischen Treseburg und Thale wurde bereits 1937 zum Naturschutzgebiet erklärt. Hier finden sich auf engem Raum zahlreiche seltene Pflanzen- und Tierarten sowie eine Fülle geologischer Besonderheiten. Vor allem letztere werden auf dem als Lehrpfad gestalteten Wanderweg durch das Tal mit 21 ovalen Holztafeln markiert und in einem von der Stadt Thale herausgegebenen „Führer durch das Bodetal“ populär beschrieben. Das Heft ist in der Tourist-Information Thale erhältlich.

Kästental

Käste ist die altdeutsche Bezeichnung für Eibe, und tatsächlich wachsen hier uralte Eiben. Manche behaupten, es seien die ältesten Bäume des Harzes. Aus dem festen Eibenholz fertigte man Armbrüste und Speere. So waren die nur sehr langsam wachsenden Bäume bald vom Aussterben bedroht. Einige Exemplare gibt es hier noch. Die Stämme der Eiben tragen Nummern; sie wurden also sogar einzeln erfasst.

Bodekessel

Früher war das Bodetal hier unzugänglich. Holz konnte nur durch Flößen das Tal hinuntergebracht werden. Im Bodekessel verkeilte es sich häufig. 1784 hat man deshalb den acht Fuß hohen Felsen (das entspricht etwa 2,40 m) im Flussbett gesprengt. In den Wänden des Bodekessels sind heute noch Strudelköpfe und Kolke deutlich zu erkennen, die auf den alten Flusslauf hindeuten.

Teufelsbrücke

Hier verengt sich das Tal mit beinahe senkrecht aufstrebenden Felsen zur einzigen Klamm im Harz. Die erste Teufelsbrücke wurde 1863 gebaut; bis dahin war dieses Stück des Bodetales nicht zu erreichen. 1945 von den Nazitruppen gesprengt, entstand 1949 eine neue Teufelsbrücke, die 2009 durch den jetzigen Neubau ersetzt wurde. Oberhalb der Teufelsbrücke sollte um die Wende zum 20. Jahrhundert das erste große Stauprojekt verwirklicht werden. Erst 1911 verwarf man die Pläne, die als Vorläufer des großen heutigen Talsperrensystems gelten können. Der Wasserstand in der Bode war vor dem Bau der Rappbodetalsperre, zumindest bei Schneeschmelze, deutlich höher.

Schurre

Der alte Jägerpfad wurde um 1850 ausgebaut und teilweise gepflastert. Der Serpentinenweg verläuft durch ein lockeres Geröllfeld, das vor allem bei starken Regenfällen immer wieder Richtung Tal in Bewegung gerät, die Steine „schurren“ hinab. Es kommt zu sogenannten Felsabgängen. Der Weg ist schwer passierbar und daher als alpiner Klettersteig ausgewiesen. Diese reizvolle Verbindung vom Hexen-Stieg zur Rosstrappe ist höchst anspruchsvoll und nur für geübte Wanderer zu empfehlen.

Thale

Die im 11. Jahrhundert als „Dorp to dem Dale“ (Dorf im Tal) bezeichnete Siedlung hatte ihr Zentrum in „Unter-Thale“, wo heute die ältesten Gebäude der Stadt stehen. Erzvorkommen und Holzreichtum bestimmten die handwerkliche und industrielle Entwicklung. 1686 entstand eine Werkzeug- und Nagelschmiede, aus der das Eisen- und Hüttenwerk hervorging. Hier schmiedete man 1831 die erste eiserne Wagenachse in Deutschland. Thale ist heute Standort mehrerer mittelständischer Industriebetriebe und hat seine erfolgreiche touristische Entwicklung weiter fortgesetzt.

Wegbeschreibung nach Thale

Von Altenbrak nach Thale

Etwa eineinhalb Kilometer unterhalb des Zusammentreffens der beiden Varianten des Wegeabschnitts Königshütte – Altenbrak (Forellenzucht) kommen wir auf dem Harzer Hexen-Stieg an die Bodebrücke Altenbrak. Der Hauptteil des Ortes liegt links der Bode, so auch das Café „Fontane“. Theodor Fontane ließ hier einen Teil der Handlung seiner Novelle „Cécile“ spielen. Während seiner mehrfachen Aufenthalte im Zehnpfund-Hotel in Thale besuchte der Dichter und Schriftsteller häufig den Ort **Altenbrak**.

Unser Weg steigt hinter der Bodebrücke Altenbrak leicht an. Wir entfernen uns etwas vom Fluss. Links sehen wir den Hinweis auf die **Waldbühne**, wir gehen aber geradeaus auf der Straße weiter und halten uns dann links. Der Weg geht leicht bergab und wir nähern uns wieder der Bode. Der Harzer Hexen-Stieg folgt bald auf einem Hochufer dem Fluss, auf unserer rechten Seite steigt das Gelände oftmals sogar als Felswand an. Bei

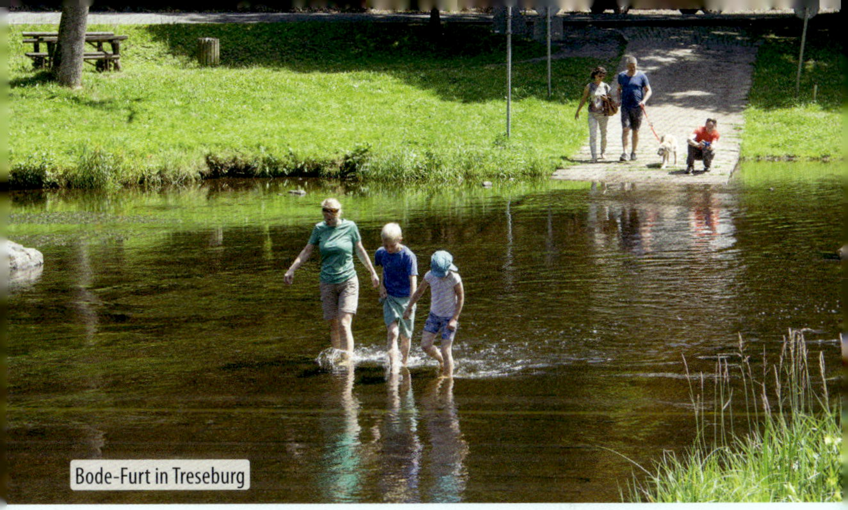

Bode-Furt in Treseburg

der Falkenklippe, etwa dreieinhalb Kilometer vor **Treseburg**, schneiden wir dann einen Bodemäander ab, wir entfernen uns also für ein kurzes Stück vom Wasser.

Es bietet sich an, in Treseburg eine Rast einzulegen, das Hotel „Bodeblick" lädt direkt am Weg dazu ein. Wenige Schritte entfernt wurde am gegenüberliegenden Bodeufer eine weitere Hexen-Stieg-Station installiert. Hier symbolisieren drei Sitzgelegenheiten die Bergbauelemente Holz, Erz und Wasser und erinnern damit an die Treseburger Montangeschichte. Eine Brücke führt hinüber, Unerschrockene nutzen gern die Furt. In Treseburg mündet die Luppbode in die Bode. Wir überqueren die Straße Allrode – Blankenburg und betreten das **Naturschutzgebiet Bodetal**, das tiefste Felsental nördlich der Alpen. *Tipp:* Im Winter ist dieser Weg aus Gründen der Sicherheit gesperrt! Es besteht eine Umleitung, die wir auf ***www.harz-wanderkarten.de/harzer-hexen-stieg*** beschreiben.

Von nun an begleiten uns längs des **Naturlehrpfades** ovale Holzmarken, die auf geologische, botanische und historische Zusammenhänge hinweisen. Sie sind von **Thale** aus durchnummeriert, sodass wir mit der letzten Zahl beginnen. Die **Nummer 21** verweist auf eine geologische Besonderheit: älteres Gestein ist in jüngeres eingelagert; Diabas-Olistholit (bräunlich verwittert) in Schiefer. Das ältere Gestein soll schon im Karbon, vor etwa 360 Millionen Jahren, durch Rutschungen transportiert worden sein. Auch die **Nummer 20** bei den **Sonnenklippen** (Stempelstelle 69) benennt ein geologisches Phänomen: Im Schieferfels sieht man, sofern die Sonne länger darauf scheint, dunklere Schieferbänder. Die **Nummer 19** findet sich an der Felsnase „Großer Haken". Hier wird auf kugelförmige Verwitterungslöcher im Feinsandstein aufmerksam gemacht. An der **Holzmarke 18** geht es um Diabas, auch Grünstein genannt, einem 400 Millionen Jahre alten, vulkanischen Ergussgestein aus dem Erdzeitalter

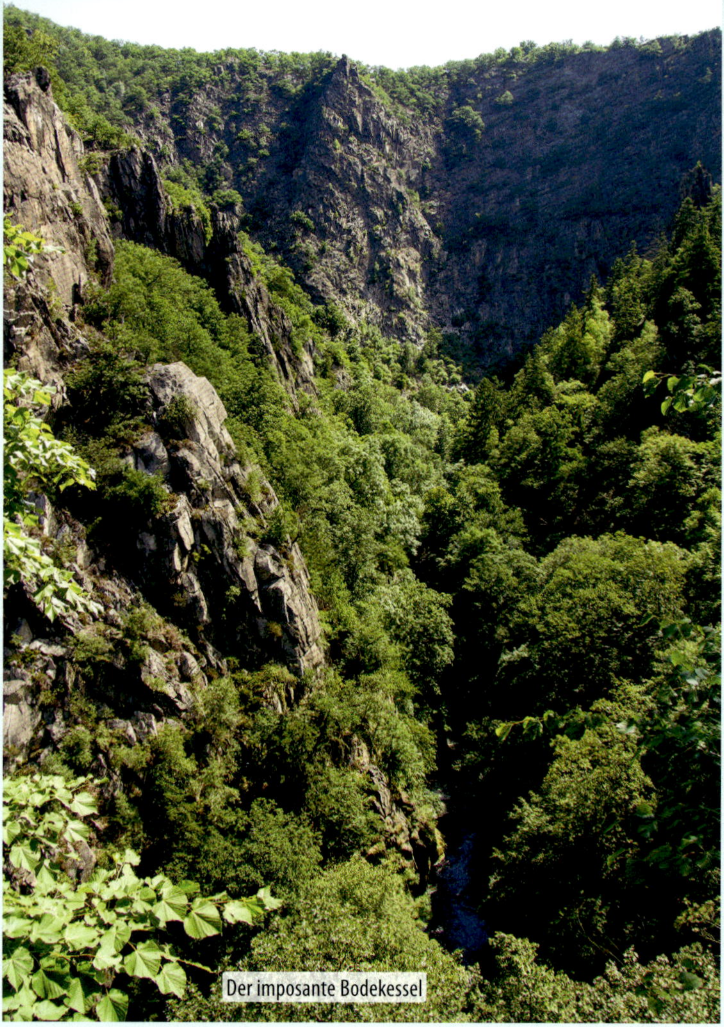

Der imposante Bodekessel

Devon. Bei der **Zahl 17** entdeckt man Kalksilikathornfels, der sich quer zu unserem Weg bis zu den Felsen auf dem jenseitigen Ufer erstreckt. Am Dammbach laden Bänke und eine Hütte zur Rast ein, bevor wir die **Nummer 16** erreichen. Diese macht mit Wissenbacher Schiefer bekannt, einem häufig im Harz vorkommenden Gestein des Mitteldevon.

Auf die **Zahl 15** (**Kästental**) treffen wir nach Überquerung des Kästenbachs. Bei der **Zahl 14** stehen wir am Bodegang, der lange für das älteste Gestein des Harzes gehalten wurde. Der drei bis acht Meter breite Quarzporphyr, der hier quer zum Weg verläuft, ist vermutlich sehr alt. Genaueres untersuchen die Geologen noch. Das Schild mit der **Nummer 13** bezieht sich auf die jenseits der Bode liegende Felswand. Ihr vorgelagert ist eine einzeln stehende spitze Felsnase, die „Blaue Klippe", aus dem Gestein des Bodeganges. Hell-dunkel gebänderten Schiefer findet man bei der **Nummer 12**. Nach **Schild 11** an der Schieferhalde mit Heidebewuchs wird das Bodetal eng und felsig. Der Weg steigt an. Wir erklimmen den Felsrücken **„Langer Hals"**. Er ist aus Diabas und Hornfels gebildet. Das sehr harte Gestein zwingt die Bode zu einer weiten Schleife. An der **Holzmarke 10** gibt es eine Aussicht in die Felsformationen, die besonders vor dem Blattaustrieb und nach dem Laubfall imposant erscheinen. Etwa einen Kilometer weiter ist an **Tafel 9** der Kontaktbereich zwischen Granit und Hornfels schön aufgeschlossen. Der Granit ist hell, der Hornfels viel dunkler. Der Hornfels wurde aus älteren Gesteinsschichten gebildet, als die heißen Granitschmelzen des Rambergmassivs aufstiegen. Wir müssen jetzt etliche Stufen und vier Serpentinen hinabsteigen, um in den **Bodekessel** zu blicken **(Markierung 8)**. Besonders bei Nässe ist diese Stelle vorsichtig zu passieren.

Nachdem wir das Naturwunder Bodekessel in uns aufgenommen haben, geht es zur **Teufelsbrücke** **(Nummer 7)**. Auf ihr überqueren wir die Bode und sind nun auf der linken Seite des Flusses. *Tipp:* Bei **Markierung 6** an der **Schurre** könnten sehr geübte Wanderer (Klettersteig) über 18 Kehren den Höhenunterschied vom Tal bis zum Felsen der Rosstrappe am oberen Rand der Bodeschlucht überwinden. Der Harzer Hexen-Stieg bleibt aber unten an der Bode und wird nun teilweise als aus dem Fels herauskragende Galerie weitergeführt. Dieses Wegestück ließ wohl der Thalenser Oberforstmeister von Bülow um 1820 einrichten. Ein Metallrelief am Fels erinnert daran **(Punkt 5)**. An der **Marke 4** erreichen wir die Gaststätte/Pension „Königsruhe", die zwischenzeitlich den Namen Hirschgrund trug. Hier quert die Jungfernbrücke die Bode. Von der 1818 erbauten Vorgängerbrücke schuf Ludwig Richter einen romantischen Stich. Wir können hier den Stempel 178 ins Wanderheft drücken. Die Tafel mit der **Nummer 3** lenkt unseren Blick auf den Siebenbrüderfelsen mit seinen sieben Felsspitzen, jenseits der Bode. Seit dem Goethejahr 1949 trägt er den Namen **Goethefelsen**.

Über die Brücke Katersteg **(Punkt 2)** gelangt man zum „Waldkater", der Jugendherberge. Wir wechseln aber nicht die Uferseite, sondern kommen auf unserem Weg zu **Punkt 1**, der für uns der letzte des Lehrpfades ist: die Talstation der Schwebebahn zum **Hexentanzplatz**. *Tipp:* Eine Fahrt mit der Kabinenbahn ist sehr zu empfehlen, schon allein um den einmaligen Ausblick auf den „Grand Canyon des Harzes" zu erleben. Familien mit Kindern müssen sicher an der Talstation Zeit einplanen, denn dort gibt es mittlerweile ein wahres Spiele-Paradies. Der Harzer Hexen-Stieg führt über die Hubertusbrücke und dann halblinks durch den Friedenspark in die Stadt, wo er im Kurpark vor dem Bahnhof endet.

Von Thale nach Altenbrak

Am Schilderbaum gegenüber der Tourist-Information (im Bahnhof) beginnt der Harzer Hexen-Stieg in **Thale**. Durch die Parkanlage mit Skulpturen, geschnitzten Bänken und der historistischen Kirche geht es in wenigen Schritten hinein in das **Naturschutzgebiet Bodetal**, das tiefste Felsental nördlich der Alpen. *Tipp:* An der Talstation der Schwebebahn hinauf zum Hexentanzplatz hat sich in den vergangenen Jahren ein regelrechtes Spiele-Paradies entwickelt, das ganz besonders Familien anspricht. Als Auftakt empfielt es sich, der gesamten Tour einen Abstecher mit der Kabinenbahn auf den **Hexentanzplatz** voranzustellen, von dem man einen grandiosen Ausblick in das canyonartige Bodetal hat, das anschließend von uns durchwandert wird.
Kurz hinter der Talstation der Seilbahn **(1)** beginnt der **Naturlehrpfad**. 21 ovale Holzmarken verweisen auf geologische, botanische und historische Zusammenhänge. Wir wandern am Katersteg **(2)** und am Siebenbrüderfelsen mit seinen sieben Felsspitzen vorbei. Seit dem Goethejahr 1949 trägt er den Namen **Goethefelsen (3)**. Die im Wasser verteilten Steine laden zum Klettern und Fotografieren ein. Kurz darauf erreichen wir die Gaststätte/Pension „Königsruhe" **(4)**, die zwischenzeitlich den Namen

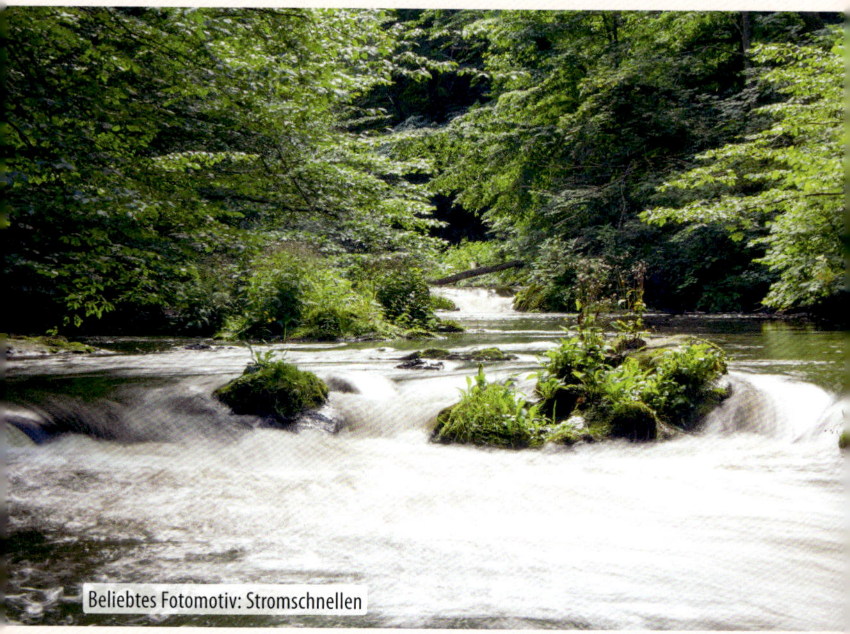

Beliebtes Fotomotiv: Stromschnellen

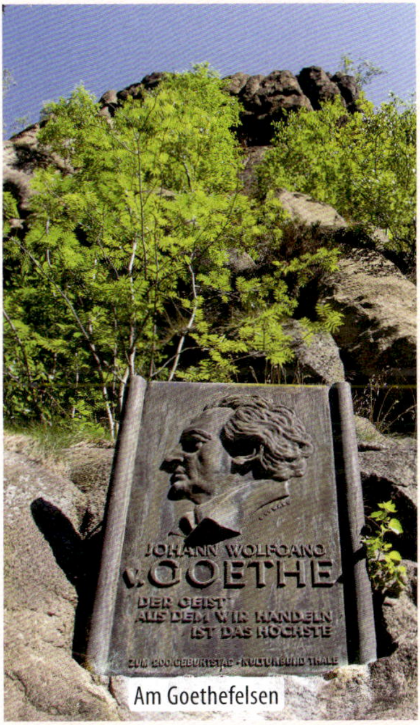

Am Goethefelsen

Hirschgrund trug. Hier quert die Jungfernbrücke die Bode. Von der 1818 erbauten Vorgängerbrücke schuf Ludwig Richter einen romantischen Stich. Wer ein Heft der Harzer Wandernadel besitzt, holt sich an dem grünen Kasten den Stempel 178. Kurz hinter dem Gasthaus wandern wir in das durch steile Felsen schluchtartig verlaufende enge Tal hinein auf zum Teil vorkragendem Pfad. Dieses Wegestück ließ wohl der Thalenser Oberforstmeister von Bülow um 1820 einrichten. Ein Metallrelief am Fels erinnert daran **(5)**. Bald gelangen wir zum Abzweig der **Schurre (6)**. *Tipp:* Eine sportliche Herausforderung wäre dieser Abstecher auf dem Klettersteig in 18 Kehren hinauf zum Felsen der Rosstrappe am oberen Rand der Bodeschlucht.

Die 2009 neu gebaute **Teufelsbrücke (7)** bringt uns wenig später auf die andere Seite der Bode. Nun geht es steil hinauf. Natürliche und von Menschenhand platzierte Treppenstufen helfen, diese schwierige Passage zu überwinden. Wir erreichen die Anhöhe mit herrlichem Blick auf den **Bodekessel (8)**. Abwärts laufend bis zu einem eindrucksvollen **geologischen Aufschluss (9)**, der einen Blick in den Kontaktbereich zwischen Granit (hell) und Hornfels (dunkel) gewährt, tanken wir etwas Kraft für den nächsten Anstieg zum **Langen Hals (10)** mit schöner Aussicht. Er ist aus Diabas und Hornfels gebildet. Das sehr harte Gestein zwingt den Fluss zu einer weiten Schleife. Mittlerweile hat sich nicht nur die Bode beruhigt, auch unser Weg verläuft nun breiter und weniger steinig. An einem großen Geröllfeld **(11)** laden unzählige Schieferbruchstücke förmlich dazu ein, aufgestapelt zu werden, und am Großen Taschengrund schlängeln wir uns noch einmal an Felswänden entlang. Es folgen geologische Hinweise mit den Nummern **12**, **13** und **14**. Noch vor dem Kästenbach bewegen wir uns in einem kleinen Gebiet mit Eiben, dem **Kästental (15)**.
Die **Nummer 16** macht mit Wissenbacher Schiefer bekannt, einem häufig im Harz vorkommenden Gestein des Mitteldevon. Der wild-imposante Teil liegt nun hinter uns, an der Schutzhütte am Dammbach bietet sich eine Rast an. Bei der **Zahl 17** entdeckt man Kalksilikathornfels,

der sich quer zu unserem Weg bis zu den Felsen auf dem jenseitigen Ufer erstreckt. An der **Holzmarke 18** geht es um Diabas, auch Grünstein genannt, einem 400 Millionen Jahre alten, vulkanischen Ergussgestein aus dem Erdzeitalter Devon. Die **Nummer 19** findet sich an der Felsnase „Großer Haken". Hier wird auf kugelförmige Verwitterungslöcher im Feinsandstein verwiesen. Wir durchschreiten auf bequemem Waldboden ein hölzernes Tor, bekrönt von einer Tanne, kommen an den **Sonnenklippen** (**20**) mit der Stempelstelle 69 sowie an einem besonderen Aufschluss (**21**) vorüber und erreichen wenig später **Treseburg**. Hier überqueren wir die Straße (Einkehrmöglichkeiten) und setzen direkt gegenüber unseren Weg an der Bode fort. Niedrige Gesteinsformationen linker Hand bestimmen den Verlauf des Weges, es geht entspannt durch den Wald ohne auf und ab. Am Hotel „Bodeblick" sitzt man wunderbar auf der Terrasse direkt am Wasser. Nicht direkt am Weg, sondern am gegenüberliegenden Ufer der Bode befindet sich eine der im Jahr 2014 aufgestellten künstlerisch gestalteten Hexen-Stieg-Stationen. Hier symbolisieren drei Sitzgelegenheiten die Bergbauelemente Holz, Erz und Wasser und erinnern damit an die Treseburger Montangeschichte. Eine Brücke führt hinüber, Unerschrockene nutzen stattdessen gern die Furt.

Wir bleiben auf der linken Seite des Flusses. Bis Altenbrak animieren Spiel- und Sportgeräte sowie Informationstafeln zum Anhalten. An der Jägerbaude vorüber, stehen wir ganz plötzlich inmitten einer Weidelandschaft und erblicken kurz darauf die ersten Villen und Pensionen von **Altenbrak**. Am Parkplatz des **Bergfreibades** halten wir uns scharf rechts und wandern hinab in den Ort. Noch vor der Brücke biegen wir nach links, um an der Bode entlang den Ort zu streifen. Der Hauptteil des Ortes liegt rechts der Bode, so auch das Café „Fontane". Theodor Fontane ließ hier einen Teil der Handlung seiner Novelle „Cécile" spielen. Während seiner mehrfachen Aufenthalte im Zehnpfund-Hotel in Thale besuchte der Dichter und Schriftsteller häufig den Ort Altenbrak.

Am Ende treffen wir auf die Forellenzucht (Einkehr), wo sich der Hexen-Stieg gabelt. Die alternative Route zweigt nach links Richtung Hasselfelde ab. Die erste Etappe ist geschafft. *Tipp:* Wer auf der Hauptroute weiterwandern möchte und noch Kraft hat, könnte diese erste, relativ kurze Etappe bis Wendefurth verlängern, da es dort auch Übernachtungsmöglichkeiten gibt (vorher reservieren S. 58).

Wegsperrung im Winter

Zwischen Treseburg und Thale wird der Hexen-Stieg im Winter witterungsbedingt gesperrt. *Tipp:* Eine Umleitung beschreiben wir auf:
www.harz-wanderkarten.de/harzer-hexen-stieg

Informationsstellen

Thale

Bodetal-Information Thale
06502 Thale, Bahnhofstraße 1 ☎ 03947/776800
www.bodetal.de ✉ info@bodetal.de

Einkehren und Übernachten

Altenbrak

» **siehe Seite 59**

Treseburg

» **verschiedene Übernachtungs- und Einkehrmöglichkeiten im Ort**
» **Hotel und Restaurant „Bodeblick"** *www.bodeblick.com*
Halde 1 ⏱ Mi-Sa Restaurant 17.30-20 Uhr, Biergarten ab 15 Uhr
☎ 039456/5610, ✉ willkommen@bodeblick.com
» **Hotel und Restaurant „Zur Luppbode"** *www.luppbode.de*
Ortsstraße 26, ☎ 039456/56751 ✉ hotel@luppbode.eu

Zwischen Treseburg und Thale

» **Gasthaus „Königsruhe" mit Pension** *www.koenigsruhe.de*
⏱ Di-So 10-18 Uhr ☎ 03947/2726 ✉ koenigsruhe@t-online.de

Thale/Bodetal

» **zahlreiche Übernachtungs- und Einkehrmöglichkeiten im Ort**
» **Restaurant Peter's im Ferienhausdorf Thale** *www.ferienhausdorf-thale.de*
Walther-Rathenau-Straße 3 ⏱ täglich 11-22 Uhr
☎ 03947/689090 ✉ info@ferienhausdorf-thale.de
» **Restaurant im „Parkhotel Thale"** *www.h24hotels.com/parkhotel-thale*
Parkstr. 1 ⏱ täglich 17-22.30 Uhr ☎ 03947/9799000 ✉ thale@h24hotels.com
» **Gasthaus „Zum Wasserriesen" im Hotelpark Bodetal** *hotelpark-bodetal.de*
Hubertusstraße 9-11 ⏱ täglich 7-10 Uhr, Mo-Fr 15-21, Sa/So 12-21 Uhr
☎ 03947/776613 ✉ info@hotelpark-bodetal.de
» **Jugendherberge Thale** *www.jugendherberge-thale.de*
Waldkater 1 ☎ 03947/2881 ✉ thale@jugendherberge.de
» **Klostercamping Thale** *www.klostercamping-thale.de*
Wendhusenstraße 3, ***Entfernung vom Hexen-Stieg ca. 3 km***
☎ 03947/63185 ✉ info@klostercamping-thale.de

GPS-Trackdaten stehen auf *www.harz-wanderkarten.de/harzer-hexen-stieg* zum kostenlosen Download bereit. Hier finden Sie auch eine Beschreibung, wie man seinen Standort per GPS auf der Print-Karte ermittelt.

Register

Das Wandern auf dem Harzer Hexen-Stieg erfolgt stets auf eigene Gefahr. Dieser Wanderführer wurde mit größter Sorgfalt, nach bestem Wissen gefertigt. Verlag und Herausgeber übernehmen jedoch keine Gewähr.

Die Initiatoren des Harzer Hexen-Stiegs:
Harzklub e.V.: Am Alten Bahnhof 5a, 38678 Clausthal-Zellerfeld
Telefon: 05323/81758 • www.harzklub.de
Harzer Tourismusverband: Marktstraße 45, 38640 Goslar
Telefon: 05321/34040 • www.harzinfo.de
Nationalpark Harz: Lindenallee 35, 38855 Wernigerode
Telefon: 03943/ 26280 • www.nationalpark-harz.de

Die Winde 45; 38855 Wernigerode, Tel.: (0 39 43) 2 32 46
Internet: www.schmidt-buch-verlag.de, E-mail: info@schmidt-buch-verlag.de
3., aktualisierte Auflage 2026, 11. - 15. Tsd.
Konzept, Grafikdesign und Bildbearbeitung: Schmidt-Buch-Verlag
Druck und Verarbeitung: Grafisches Centrum Cuno GmbH & Co. KG

Es fotografierten Thorsten Schmidt und Maximilian Schmidt

Titelbild: Wanderer am Oderteich

Bibliografische Information Der Deutschen Nationalbibliothek:
Die Deutsche Nationalbibliothek verzeichnet diese Publikation in der Deutschen Nationalbibliografie; detaillierte bibliografische Daten sind im Internet über http://dnb.ddb.de abrufbar.

ISBN 978-3-945974-16-2

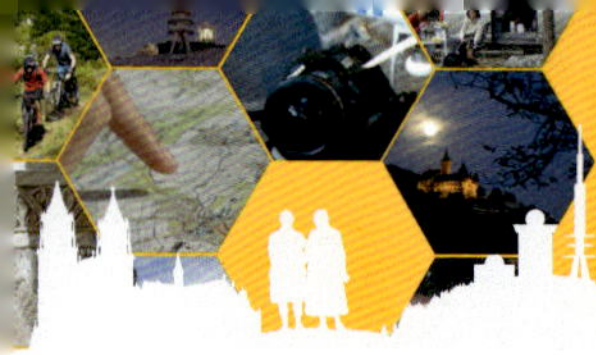

Reiseführer & Kartografie

MADE VOR ORT

Schmidt BUCH

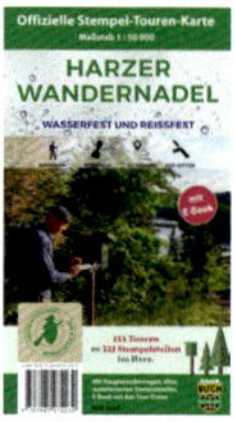

1 : 50 000

978-3-945974-23-0

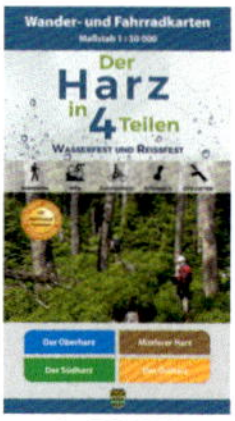

1 : 30 000

978-3-945974-04-9

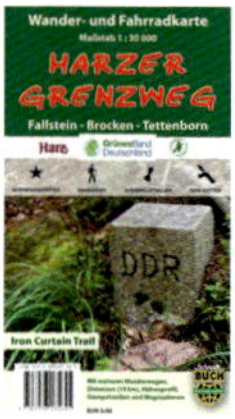

1 : 30 000

978-3-936185-64-5

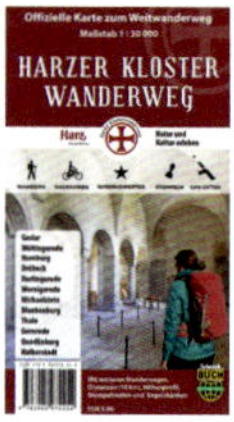

1 : 30 000

978-3-945974-25-4

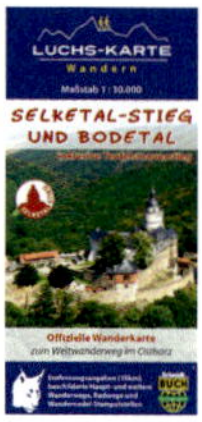

1 : 30 000

978-3-945974-32-2

Mehr Infos: **www.schmidt-buch-verlag.de**

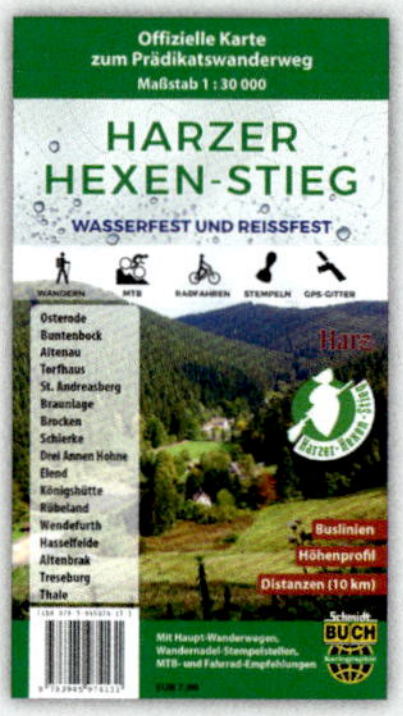

Offizielle Wanderkarte

Harzer Hexen-Stieg

Maßstab 1 : 30 000, UTM-Gitter für GPS, Höhenlinien in 10m-Schritten, beschilderte Hauptwanderwege, viele weitere Wanderweg-Empfehlungen

ISBN 978-3-945974-13-1

- Hauptroute und Alternativen
- Kilometrierung
- Hexen-Stieg-Stationen
- Stempelstellen der Harzer Wandernadel
- Bushaltestellen mit Linien-Nummern

detaillierte Wanderkarte mit allen Etappen

PRINT DIGITAL

KartoGuide Harz

Die praktische Karten-App mit hauseigenen Kartendaten.
Erkunden Sie den Harzer Hexen-Stieg in allen seinen Varianten und über 300 weitere Touren mit dem Smartphone und liebevoll gestalteten, inhaltsreichen und vor Ort produzierten Karten unseres Verlages.

mehr erfahren: kartoguide.de

JETZT BEI Google Play

Laden im App Store

Eine App
Ein Abo
Alle Karten
Alle Touren

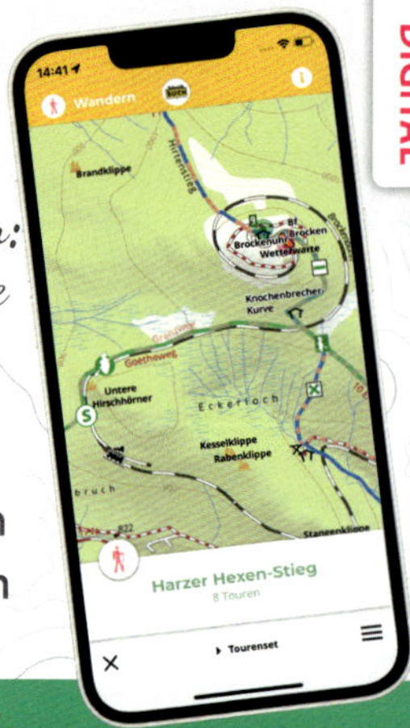

www.kartoguide.de